SIOBHAN FERGUSON

DUBLIN

WIE ES KEINER KENNT

IRLANDS HAUPTSTADT AUS ERSTER HAND

MIDAS

Dublin – wie es keiner kennt

Midas Collection
Ein Imprint der Midas Verlag AG

ISBN 978-3-03876-292-8

1. Auflage

Übersetzung: Claudia Koch
Lektorat: Petra Heubach-Erdmann
Layout: Ulrich Borstelmann
Projektleitung: Gregory C. Zäch

Midas Verlag AG
Dunantstrasse 3, CH-8044 Zürich
E-Mail: kontakt@midas.ch
www.midas.ch

Englische Originalausgabe:
»Pretty City Dublin«

Design: Katie Beard

Printed in Europe

Die deutsche Nationalbibliothek verzeichnet diese Publikation in der Deutschen Nationalbibliografie; detaillierte bibliografische Daten sind im Internet unter www.dnb.de abrufbar.

O'NEILL
LOUNGE
O'NEILL'S
ALL DAY FULL
IRISH
BREAKFAST

€15
€10
www.nolina.nl
€12

INHALT

EINFÜHRUNG

> Was mich betrifft, ich schreibe immer über Dublin, denn wenn ich zum Herzen von Dublin vordringen kann, kann ich zum Herzen aller Städte der Welt vordringen. Das Universelle ist im Einzelnen enthalten. Wenn ich sterbe, wird Dublin in meinem Herzen stehen.
>
> *James Joyce*

Dublin ist eine einzigartige, vielschichtige Stadt. Warm, auf einladende Weise. Ein Ort mit einer eindringlichen Geschichte des Widerstands und des Kampfes um Freiheit. Eine Stadt der Kriege, Hungersnöte und finanziellen Zusammenbrüche. Eine Stadt, in der Altes und Junges zusammenkommen und eine Gemeinschaft bilden, die reich an Kultur, Kreativität und Gesang ist. Ein Zufluchtsort für Tech-Giganten und ein Ort, an dem die Glocken läuten – von den Liberties bis zur Luas. Eine Ansammlung von mittelalterlichen Burgen, gotischen Kirchen und heiligen Toren.

Eine Stadt der Museen, sowohl der monumentalen als auch der ausgefallenen. Es ist eine Stadt mit einem wunderbaren Erbe an Büchern: *Ulysses*, *Kells* und in jüngster Zeit *Normal People*. Es ist eine Stadt der Helden und Legenden aus Politik, Literatur und Pop. Dublin ist eine gastronomische Größe, voll mit georgianischen und viktorianischen Pubs oder Kneipen mit Live-Musik, Snugs und Craic. Es ist ein herrliches Durcheinander von Guinness, Whiskey und Flat Whites. Eine Stadt, die man zu Fuß erkunden kann, mit gepflasterten Straßen, verwinkelten Gassen und großen historischen Plätzen. Es ist eine Stadt der Dörfer mit kreischenden Möwen, weiten Ausblicken aufs Meer und Spaziergängen auf den Klippen - eine Stadt der Lieder und Geschichten und seltenen alten Zeiten.

Ich erinnere mich noch lebhaft an meinen ersten Besuch in Dublin, einen Ausflug zum Croke Park, um das All-Ireland-Finale der Hurling-Mannschaft meines Heimatorts Galway zu sehen. Es war ein verregneter Sonntag im September 1981, und für einen Culchie (ein Mädchen vom Land) wie mich, gerade mal 6 Jahre alt, war es schrecklich – ein überfüllter Betondschungel und nicht gerade lustig. Unsere Mannschaft, der amtierende Meister, verlor, und wir traten enttäuscht den langen Heimweg an. Es wäre mir wirklich

egal gewesen, wenn ich diese große Stadt nie wieder gesehen hätte. Der Geschichtsunterricht in der Schule, die Invasionen der Wikinger, die Massaker vom Blutsonntag und die unerwiderte Liebe (W. B. Yeats und Patrick Kavanagh) haben mich davon überzeugt, dass es ein dunkler Ort sein muss, den man besser meidet. Erst Jahre später, 1997, als mich der Zufall nach dem Studium und mit Anfang zwanzig zum Arbeiten dorthin verschlug, begann meine Liebesgeschichte mit der Hauptstadt, langsam, aber sicher …

In den folgenden zwei Jahren arbeitete und lebte ich in der Nähe des Stadtzentrums und verbrachte meine Freizeit mit Einkaufen, Geselligkeit und dem Abhaken von Besuchen des Dublin Castle, des Trinity College und der Temple Bar auf meiner Wunschliste. (Ich muss lachen, wenn ich an die vielen Treffen nach der Arbeit vor historischen Pubs denke, bei denen ich mich mit Kollegen und Freunden amüsierte, ohne zu wissen, welch reiche Geschichten sich hinter den Mauern dieser großartigen Orte verbargen.)

Schnell erkannte ich den Reiz der Stadt. Beklemmende historische Assoziationen verblassten bald, und es wurden neue Erinnerungen wach. Als ich 1999 Dublin in Richtung London verließ, hatte mich die pulsierende Stadt überzeugt. Obwohl ich im Nachhinein feststellen musste, dass ich noch nicht einmal an der historischen Oberfläche gekratzt hatte und die Stadt noch einiges an Arbeit vor mir liegen hatte. 2004 kehrte ich zurück, fand einen Job bei einer Bank und heiratete meinen wunderbaren Mann aus Dublin. 2007 und 2008 kamen zwei meiner drei Söhne dort zur Welt. Es waren glückliche Jahre, in denen ich den keltischen Tiger in all seiner Pracht in einer Wohnung mit Blick auf die Bucht von Dublin erleben konnte. Als es 2010 an der Zeit war, die Stadt wieder zu verlassen, wollte ich nicht gehen – diese kleine Stadt mit dem großen Geist hatte mein Herz erobert.

Ich weiß nicht, ob es die Menschen in Dublin waren – die warmherzigen, freundlichen Menschen mit ihrem ansteckenden Geist –, das literarische Erbe oder die Nähe zum Meer, die den Ausschlag gaben. Vielleicht waren es die Straßenmusiker in der Grafton Street, die vielen Kunsthandwerksläden, die unvergleichlichen Restaurants, die schicken Cocktailbars und die historischen Kneipen? Wahrscheinlich waren es der Stolz und die Leidenschaft für die Vergangenheit der Stadt und ihr Geschick, die Zukunft zu gestalten, die mir am meisten gefielen. Als mein Verleger mir also anbot, ein drittes Buch in der Pretty-City-Reihe zu schreiben, wusste ich einfach, dass es Dublin sein musste.

BURLINGTON BUILDINGS
O'NEILL

Claddagh Jewellers
2
FADE
CD €10

Dublin ist nicht nur eine wunderbare Stadt zum Entdecken, sondern auch perfekt, um sie mit der Kamera einzufangen. Die kopfsteingepflasterten Straßen, die verwinkelten Gassen und die prächtigen georgianischen Plätze bilden eine perfekte Kulisse. Das überwiegend bedeckte Wetter und die Nähe zu den Bergen und dem Meer sorgen für ideale Lichtverhältnisse. Als ich die Stadt zum ersten Mal mit den Augen der Fotografin und meiner eigenen Nostalgie entdeckte, war mir die reiche Geschichte plötzlich sonnenklar. Ich konnte nicht glauben, dass ich sie vorher so wenig beachtet hatte.

Ich konnte nicht mehr durch die Straßen der Stadt gehen, ohne Szenen aus unserer Literatur zu sehen. In den Straßen hallten die Namen und Worte so vieler großer Schriftsteller wider, die sie durchstreiften – Joyce, Yeats, Wilde, Stoker, Shaw, Kavanagh, Beckett, Behan, Heaney, Binchy und so viele mehr. Ich fand es toll, Swenys alte Apotheke zu entdecken, die sich in der Öffentlichkeit versteckt, wo der Protagonist des *Ulysses*, Leopold Bloom, einst sein Stück Zitronenseife kaufte, und die »Raglan Road eines Herbsttages« entlangzugehen.

Ich habe die Gespräche geliebt, die ich in den vielen neuen Cafés belauscht habe. Ich liebte es, Orte wiederzuentdecken, die ich schon ewig kenne, wie Drury Street, Dawson Street und Dalkey, und viele andere zum ersten Mal zu besuchen. Ich liebte meine langen Spaziergänge am Meer und Fish and Chips. Ich liebte die Schönheit, die ich in den einfachen Dingen entdeckte, die Dublin seine einzigartige Identität verleihen, und grub ein wenig tiefer, um das Wesentliche zu finden. Mir gefiel, dass sich so viel verändert hatte und doch so viel gleich geblieben war.

Dieses Buch ist mein Liebesbrief an Dublin und ich hoffe, dass es Sie inspiriert, Dublin zu besuchen, zurückzukehren oder es aus der Ferne zu genießen. Es entspricht nicht ganz dem Thema meiner beiden früheren Bücher über London und New York. Ich möchte Sie nicht ermutigen, die bekannten Orte wie die Grafton Street und das Trinity College zu meiden – dafür ist Dublin zu klein. Stattdessen lade ich Sie ein, einen etwas anderen Weg durch die Stadt zu gehen. Natürlich sollten Sie sich durch die Grafton Street schlängeln, aber nicht ohne um die Ecke zu biegen, um die Schätze zu finden, die dahinter liegen. Das Buch bietet einen Überblick über die Stadt im Wandel der Jahreszeiten, eine Liste mit Ausflugszielen und einige Tipps, wie Sie Ihre eigenen Postkarten gestalten können – von Dublin, wie es keiner kennt.

HRM

ÜBER DIESES BUCH

Das Buch ist größtenteils eine visuelle Feier der schönsten Orte, die die Autorin bei ihren Erkundungen in Dublin entdeckt hat. Es umfasst vier Hauptabschnitte: Tipps für die mobile Fotografie, Stadtviertel, Jahreszeiten und schließlich eine Liste mit Dingen, die man in Pretty City Dublin unbedingt machen sollte. Das Buch ist eine Ergänzung zu den beliebten Instagram-Feeds @prettycitiesdublin_ und @theprettycities. Trotzdem hoffen wir, dass der visuell reiche Inhalt auch denjenigen gefallen wird, die mit Instagram nicht vertraut sind. Sie soll auch all jene inspirieren, die nach Dublin reisen, oder Einheimische, die in ihrer Freizeit nach Reise-Inspirationen suchen.

Die Rubrik »Fotografie-Tipps« enthält Hinweise, wie Sie gelungene Aufnahmen machen, um sie mit @prettycitiesdublin_ und @theprettycities zu teilen. Der Abschnitt »Stadtviertel« ist, wie der Name schon sagt, nach den Vierteln der Hauptstadt geordnet, die die Ästhetik und den Charme von Dublin, wie es keiner kennt, repräsentieren. Einige Viertel sind in einem Abschnitt zusammengefasst, weil es logistisch sinnvoll ist, sie gemeinsam zu erkunden, und weil sie sich gegenseitig ergänzen. In diesem Abschnitt finden Sie auch eine Vielzahl von Orten, die einen Besuch wert sind und sich leicht einfangen lassen, von Geschäften über Cafés und Galerien bis hin zu Parks. Einige Bereiche enthalten ein Beispiel für einen geführten Spaziergang, während in anderen Abschnitten einfach die zu besuchenden Straßen aufgeführt sind.

Als Nächstes folgt ein kurzer Abschnitt, der den Wechsel der Jahreszeiten in Pretty City Dublin feiert, und schließlich ist der Abschnitt »Bucket List« eine wunderschön zusammengestellte Liste von Ideen für Dinge, die man tun kann, um das Wesen von Pretty City Dublin wirklich zu erleben. Die Liste der vorgeschlagenen Orte erhebt keinen Anspruch auf Vollständigkeit, sondern ist lediglich eine Einladung, bei einem Spaziergang durch die Stadt etwas hinzuzufügen oder wegzulassen.

Die von Holly Webber illustrierten Karten zu Beginn eines jeden Abschnitts sind nicht maßstabsgetreu, sondern geben einen Hinweis darauf, was in dem jeweiligen Gebiet zu erwarten ist.

51 The Long Hall 51
The Long Hall
VICTORIAN HERITAGE PUB
GUINNESS
The Long Hall
POWERS
IRISH WHISKEY

CORE
CORE
21
22

TEIL I

TIPPS ZUM FOTOGRAFIEREN

Der Instagram-Feed von @prettycitiesdublin_ ist randvoll mit wunderschönen Bildern von Dublin, die alle eine ähnliche Ästhetik und Stimmung haben. Der Feed konzentriert sich auf die einzigartigen und charaktervollen Viertel der Stadt, ihre Besonderheiten, die Einwohner und Gäste. Dublins historische Wahrzeichen sind ebenso vertreten wie postkartenwürdige Pubs wie Doheny und Nesbitt, M. J. O'Neill's und Kehoe's. Malerische georgianische Fassaden, hübsche Straßenszenen und charmante Schaufenster, Cafés, Boutiquen oder Antiquariate spielen eine wichtige Rolle in der Geschichte der Pretty City. Dublins prächtige Bibliotheken, ausgefallene Museen und ruhige Orte werden ebenso gefeiert wie seine schönen Küstendörfer und Yachthäfen.

Es wird Sie freuen und vielleicht auch überraschen, dass die meisten Fotos mit dem Smartphone aufgenommen wurden. Fast allen Menschen haben ihr Smartphone ständig bei sich, sodass man kaum eine Fotogelegenheit verpassen muss – und vor allem ist es unglaublich diskret. Dublin ist eine fantastische Stadt, um sie mit der Kamera oder dem Smartphone einzufangen. Das graue Wetter und die ästhetische Architektur machen sie zu einem Traum. Doch wie in den meisten Städten kann auch hier viel los sein, in manchen Gegenden mehr als in anderen. Deshalb sollten Sie beim Fotografieren einiges beachten.

SUCHEN SIE DAS LICHT

Unabhängig von der Art der Fotografie ist Licht für jedes großartige Foto unerlässlich, und natürliches Licht ist einfach am besten. Ein Smartphone kann bei ausreichendem Licht brillante Bilder einfangen. Ich fotografiere am liebsten an bewölkten Tagen oder während der goldenen Stunde, entweder früh am Morgen oder spät abends. Das Wetter in Dublin ist perfekt zum Fotografieren, aber ich liebe besonders das Licht im Spätsommer und Frühherbst.

Obwohl es in Dublin in der Regel bewölkt ist, gibt es auch einige sonnige Tage, und diese können für schwierige Aufnahmebedingungen sorgen. Wenn es keine Wolkendecke gibt, sollten Sie lieber in den Schatten gehen und Innenaufnahmen in der Mitte des Tages machen, wenn die Sonne am stärksten ist. Sie sollten also versuchen, weiches, natürliches Licht zu finden, denn es macht einen großen Unterschied für Ihre Fotos aus.

Wenn Sie eine Kaffeeszene oder ein hübsches Frühstück einfangen wollen und dies in einem Raum tun müssen, suchen Sie sich einen Tisch in der Nähe des Fensters und fangen Sie an zu fotografieren. Allerdings

SWENY.
CHEMIST
SWENY
CORE
sweet deal

sollten Sie direktes Sonnenlicht durch die Fenster vermeiden, da Sie dann die gleichen Probleme haben wie bei Aufnahmen in der direkten Sonne draußen. Bemühen Sie sich um weiches, bedecktes Licht. Trainieren Sie Ihr Auge. Glauben Sie mir, Sie werden die Wolken nie wieder auf dieselbe Weise betrachten.

Natürlich regnet es in Dublin auch ziemlich viel, und das kann genauso ein Problem sein wie zu viel Sonne, aber ich nutze den Regen gerne für meine Fotos. Ich liebe es, wie Regen die Stimmung einer Stadt verändert; er kann auch das Licht verändern: Alltägliche Kompositionen werden attraktiver. Halten Sie Ausschau nach Veranden und Café-Markisen, damit Sie und Ihre Kamera trocken bleiben. Achten Sie auf Spiegelungen in Pfützen und vor allem auf die großen Geschichten: Bunte Regenschirme können ein Bild von Dublin ebenso bereichern wie die hellen Türen.

KAMERA/SMARTPHONE IMMER ZUR HAND

Dublin ist wirklich der Traum von Fotografinnen und Fotografen. Ich suche gerne nach einer Person, die den Stil der Gegend verkörpert, sei es ein Straßenmusiker in der Grafton Street, ein charmanter Gelehrter, der durch das Gelände des Trinity College spaziert, oder ein paar Freunde, die sich vor einem Café in der Drury Street versammelt haben. Ich bin immer auf der Suche. Ich liebe diese Aufnahme einer Dame, die mit dem Fahrrad über den Fitzwilliam Square fährt. Der Ton und die Farbpalette sind perfekt für @theprettycities und @prettycitiesdublin_. Die Aufnahme der Radfahrerin verleiht der Komposition eine zusätzliche Ebene. Die georgianische Fassade allein wäre zwar auch attraktiv gewesen, aber durch die Einbeziehung eines weiteren Motivs erhält das Foto etwas mehr Tiefe. Es fängt auch die morgendliche Pendleratmosphäre in einer der schönsten Gegenden Dublins ein.

ACHTEN SIE AUF DETAILS

In den charaktervollen Vierteln Dublins gibt es eine Fülle erstaunlicher Details, sei es eine postkartenreife georgianische Fassade, die mit Herbstlaub oder einem festlichen Kranz geschmückt ist, ein paar bunte Türen oder eine Gruppe von Freunden, die sich an einem warmen Sommerabend zu einem Pint im Freien versammeln, ein viktorianischer Pub, der einst von Dublins Literaten besucht wurde, oder eine alte Buchhandlung. Die charmante

FITZWILLIAM ST. UPR
FITZWILLIAM SQ. E
Indiepics

IVOR FITZPATRICK & CO
SOLICITORS
44-45

Boutique oder die ruhige Szene in St. Stephen's Green; die Menschen, die am East Pier in Dún Laoghaire oder am West Pier in Howth spazieren gehen; der Sonnenaufgang über der Stadt – all das gehört ins Bild gesetzt.

Nehmen Sie sich Zeit und überlegen Sie, welche Geschichte Sie mit Ihrem Bild erzählen möchten. Da man in Dublin viel zu Fuß unterwegs ist, sind die Motive immer in Bewegung. Schauen Sie durch den Sucher auf das gesamte Bild und versuchen Sie, störende Motive auszuschließen.

Denken Sie auch an die Farben. Ich bevorzuge sanftere Töne, die den Raum füllen und die aktuelle Jahreszeit ergänzen. Howth und Dalkey zum Beispiel sind in den Sommermonaten besonders schön, und St. Stephen's Green und Phoenix Park kommen im Herbst besonders gut zur Geltung. Der Winter und vor allem die Weihnachtszeit sind für die Grafton Street (und ihre Nebenstraßen) die außergewöhnlichste Jahreszeit.

Die Perspektive spielt eine wichtige Rolle bei der Aufnahme einer Stadt. Versuchen Sie, einen einzigartigen Blickwinkel zu finden. Seien Sie kreativ mit den geparkten Autos, es sei denn, es handelt sich um ein schönes Oldtimer-Modell. Instagram bevorzugt gerade Aufnahmen von Fassaden und Schaufenstern oder Aufnahmen von oben für Essens- und Kaffeeszenen. Wenn Sie auf eine attraktive Szene stoßen, nehmen Sie sie aus mehreren Winkeln auf, um sie in verschiedenen Stadien in Ihrem Instagram-Feed zu teilen.

BEARBEITUNG

Die überwiegende Mehrheit der Bilder, die auf meinen Instagram-Feeds geteilt werden, sind in irgendeiner Form bearbeitet worden. Jeder macht es anders, aber es ist wichtig, seinen eigenen Stil zu finden. Weniger ist oft mehr. Meine bevorzugten Smartphone-Apps für die Bearbeitung sind Lightroom und VSCO (A6 oder A5). Lightroom ist fantastisch, um Licht, Farbbalance und Perspektive zu korrigieren, und VSCO, um den Farbton zu verbessern und dem Bild am Ende den letzten Schliff zu geben. Ich befolge keinen strikten Bearbeitungsprozess, aber ich spiele bei den meisten meiner Aufnahmen immer mit ein paar Grundlagen. Ich mag es, wenn meine Instagram-Bilder hell, klar und sauber sind. Daher neige ich dazu, die Helligkeit zu erhöhen, ein wenig Kontrast hinzuzufügen, mit den Lichtern und Schatten zu spielen und sparsam ein wenig Schärfe hinzuzufügen. Normalerweise füge ich am Ende etwas VSCO Cam Filter (A5/A6) hinzu.

21
21
MERRION
MERRION

TEILEN AUF INSTAGRAM

Sie nutzen Instagram nun schon eine Weile und haben herausgefunden, wie es funktioniert. Möchten Sie sich jetzt ein wenig verbessern und Ihre Followerzahl erhöhen? Hier sind ein paar schnelle Tipps:

- Betrachten Sie Instagram als Ihr Portfolio, mit dem Sie potenziellen Kunden Ihre Arbeit zeigen können. Eine Faustregel lautet, nicht zu viel zu teilen. Posten Sie regelmäßig, aber übertreiben Sie es nicht. Einmal am Tag scheint bei den meisten Accounts gut zu funktionieren.

- Versuchen Sie, einen kohärenten Stil für Ihre Bilder zu entwickeln. Sie sind sich nicht sicher, welcher Stil das ist? Treten Sie einen Schritt zurück und analysieren Sie die Fotos. Können Sie ein Muster erkennen? Ich bin sicher, Sie werden überrascht sein, wie schnell Sie Ihren Stil ausmachen. Wenn Sie sich auf ein Thema oder einen Stil festlegen, können Sie Ihren Feed verschönern.

- Planen Sie Ihre Beiträge. Es gibt viele Planungs-Apps auf dem Markt. Ich verwende UNUM, um meine Beiträge strategisch zu planen und zu sehen, wie sie zueinander passen. Mir ist es wichtig, dass die Farben und auch die Themen meiner Fotos harmonieren.

- Verwenden Sie Hashtags, denn sie sind eine der besten Möglichkeiten, Ihren Instagram-Account zu vergrößern. Die richtigen Hashtags (oder eine Kombination davon) können Ihnen helfen, Ihre Arbeit einem breiten und gezielten Publikum vorzustellen. Beliebte und angesagte Hashtags sind eine gute Möglichkeit, Ihre Instagram-Präsenz auszubauen. Verwenden Sie nicht die üblichen Hashtags wie #love oder #cat, sondern solche, die relevanter und aussagekräftiger sind.

TEIL II

STADTVIERTEL

SOUTH-WEST CENTRAL

DAS VIERTEL WESTLICH DER GRAFTON STREET
BIS ZUM LIFFEY,
ES UMFASST KULTURELLE, KREATIVE UND
MITTELALTERLICHE STADTVIERTEL.

SOUTH WEST CENTRAL

#prettycitydublin

THE GARDEN FLOWERS, POWERSCOURT TOWNHOUSE CENTRE 59 William St S

KAPH 31 Drury St
THE BAKEHOUSE 6 Bachelors Walk
LADUREE 1-3 William St S
QUEEN OF TARTS Cow's Ln, Dame St

INDUSTRY & CO 41 A/B Drury St
CAXTON ANTIQUE PRINTS 63 Patrick St
RHINESTONE'S 18 St Andrew's St

CHESTER BEATTY Dublin Castle

Dublin Castle, Olympia Theatre, Dame Lane, Christchurch Cathedral, Ha'penny Bridge

FARRIER & DRAPER 59 William St S MARY'S BAR 8 Wicklow St O'NEILLS 2 Suffolk St
THE LONG HALL 51 South Great George's St O'DONOGHUE'S 15 Suffolk St

PRETTY CITY DUBLIN

oose CANON CHEESE & WINE
THREE TWENTY
30 DRURY ST.
ICE-CREAM LAB
THREE TWENTY
LIQUID NITROGEN ICE CREAM LAB
OPEN
Kaph

South-West Central Dublin erstreckt sich vom Rand des St. Stephen's Green und der Clarendon Street bis zu den nördlichen Grenzen von Temple Bar. Es ist ein blühendes, kreatives Zentrum mit vielen Kunsthandwerksläden, Cafés, Bars und Arkaden. Sein pulsierendes Herz, die Drury Street, beherbergt viele meiner liebsten malerischen Cafés und charmanten Einzelhändler. Diese Gegend umfasst kulturelle (Temple Bar), mittelalterliche (Gegend um Dublin Castle, Christ Church und St. Patrick Cathedral) und kreative Viertel (die Straßen um South William Street, South Great George's Street und Exchequer).

In dieser Gegend war ursprünglich der Dubliner Lumpenhandel beheimatet, und ich finde es toll, wie diese Tradition in den vielen schrulligen Boutiquen weiterlebt. Die Ha'penny Bridge und die Winding Stair, die Buchhandlung mit Restaurant, zähle ich wegen ihrer Nähe zu Temple Bar zu diesem Abschnitt, aber sie liegen natürlich nördlich des Liffey.

18
Rhinestones
18
Antique /vintage silver & costume jewellery store

Kaph

39
DELAHUNT

O'DONOGHUE'S
GUINNESS
DES MARKEY'S
GUINNESS

Tel: 2940747
THE HARLEQUIN
MENS DEPT DOWNSTAIRS
THE HARLEQUIN

ROUTENVORSCHLAG

Beginnen Sie Ihren Spaziergang auf der Suffolk Street, Ecke Grafton Street.

Besuchen Sie Avoca Handweavers, ein stilvolles irisches Geschäft mit einer Mischung aus Mode, Möbeln und mit einem schönen Restaurant im Obergeschoss und einem Feinkostladen im Untergeschoss. Ob Sie nun auf einen Happen bleiben oder weiterziehen, Sie können nichts falsch machen.

Gleich nebenan können Sie im O'Donoghue's oder im nahegelegenen O'Neill's, zwei unglaublich charmanten Dubliner Pubs, einen Schluck trinken und dazu traditionelle Musik hören. Schauen Sie sich die Statue von Molly Malone an, der fiktiven Heldin von Dublins inoffizieller Hymne »Cockles and Mussels«, oder machen Sie sich auf die Suche nach dem Antiquitätenhändler Rhinestones (in der St. Andrew's Street). Auch wenn Sie nicht auf Art-déco-Türkisen oder Perlmutt aus den 1930er-Jahren aus sind, wäre es eine Sünde, diesen interessanten Vintage-Laden auszulassen.

Von hier aus gehen Sie weiter zur William Street South, in der sich viele meiner Lieblingskleinode in Dublin befinden. Dieser Teil des Kreativviertels hat auch für Fotografen viel zu bieten. Unabhängig von der Tageszeit, dem Wochentag oder dem Monat des Jahres ist die Atmosphäre ein Traum.

In dieser Straße finden Sie auch Ladurée, die französische Macaron-Boutique, das Teehaus und das Café; das Powerscourt Townhouse Centre, ein beeindruckendes Einkaufszentrum, das eine Mischung aus vielen tollen Geschäften und Restaurants beherbergt. Verbringen Sie einen Vormittag oder Nachmittag hier, genießen Sie den Duft der Rosen im The Garden Flower Shop, stöbern Sie in den Lifestyle-Läden von Article, in den Antiquitätenläden von Delphi, The Silver Shop oder Monte Cristo. Genießen Sie Ihr Frühstück oder Mittagessen zu den Klängen des hauseigenen Pianisten (donnerstags und freitags zur Mittagszeit) oder besuchen Sie den Pepper Pot im zweiten Stock, der hausgemachte Bio-Gerichte anbietet.

Das Farrier and Draper ist die erste Adresse für köstliche Cocktails mit Freunden. Das elegante georgianische Gebäude verfügt über hohe, schablonierte Decken, die dem Lokal ein schickes Flair verleihen, beeindruckende Galeriewände und luxuriöse Samtsitze. Setzen Sie sich in Grogan's Bar, um bei einem guten Guinness und Toasties die Leute zu beobachten, oder gehen Sie direkt zu Clement & Pekoe und wählen Sie aus einer großen Auswahl an ständig wechselnden losen Teesorten oder dem saisonalen Kaffeeangebot.

e's St. Arcad
newt moon
Jewellery
SHOWCO

Tapas Bar & Restaurant
Salamanca
€1.50
COFFEE

Chocolate Café
LADURÉE

A·D·1790

RFC
Old Stand
IRELAND

THE STAG'S HEAD
traditional
IRISH FOOD
served daily
from 12pm to 6pm

DRURY STREET

Von hier aus geht es weiter zur Drury Street, dem pulsierenden Herzen des kreativen Zentrums. Wenn Sie nur eine Straße in dieser Gegend besuchen können, dann ist es diese. In den letzten Jahren hat sich diese Straße zu einem Hotspot für schöne Einrichtungsgeschäfte, Cafés, Vintage-Läden, Restaurants und Bars entwickelt. Hier gibt es sogar einen wunderbaren Käse- und Weinladen. Viele würden sagen, dass die Grafton Street das Zentrum der Stadt ist, aber für mich zieht die angenehme, fröhliche Atmosphäre der Drury Street jeden Besucher in ihren Bann, egal zu welcher Tages- oder Jahreszeit.

WICHTIGE ADRESSEN AUF DER DRURY STREET

Kaph: Das von Chris Keegan im Sommer 2013 eröffnete Kaph in der Nummer 31 ist das Café, in das die Eingeweihten strömen, und man kann es wegen der typischen Warteschlange und der zufriedenen Gäste, die draußen auf der Bank sitzen, nicht übersehen. Es ist ein hervorragender Ort, um eine Pause einzulegen, und bietet eine Vielzahl verschiedener Kaffeesorten und Gebäck an. Schauen Sie vorbei und bleiben Sie eine Weile, oder holen Sie sich einfach etwas zum Mitnehmen.

Industry & Co.: Ein wunderschönes Wohn- und Lifestyle-Geschäft mit einem gemütlichen Café, in dem Sie einkaufen, essen, trinken und entspannen können. Auf der Speisekarte stehen Kaffee von der Berliner Rösterei Barn und Tee von Wall & Keogh. Egal, ob Sie nach dem hausgemachten Bircher-Müsli zum Frühstück, den Hotpots zum Mittagessen oder einem Leckerbissen am Nachmittag suchen, es ist der perfekte Ort, um sich zu treffen.

Loose Canon: Dieser Käse- und Weinladen hat es in sich. Er wurde von dem Team eröffnet, das hinter dem gefeierten Meet Me in the Morning steht, und bietet eine wunderbar zusammengestellte Auswahl an Käse und Weinen sowie eine köstliche Auswahl an getoasteten Käsesandwiches zum Mittagessen.

Om Diva: Dieser Laden ist bei Insidern der Modebranche sehr beliebt. Der mehrstöckige Laden wird nicht umsonst als einer der besten Vintage-Läden der Hauptstadt bezeichnet. Das freundliche Personal und die schönen Vintage-Stücke machen den Besuch zu einem Muss.

The Irish Design Shop: Tut genau das, was draufsteht: irisches Design anbieten und unterstützen. Das Geschäft wird von den Juwelieren Laura Caffrey und Clare Grennan geführt. Neben den Kreationen der Inhaberinnen finden Sie hier auch Produkte von irischen Kunsthandwerkern. Laura und Clare suchen das Beste aus Irland.

The House of Indi: Verkauft eine exquisite Sammlung ausgewählter Stücke, darunter französische und ungarische Möbel aus dem zwanzigsten Jahrhundert, indische Antiquitäten und Möbel aus Altholz. Die Besitzerin Zoe Carney hat ein gutes Gespür für Inneneinrichtung und das merkt man sofort, wenn man den Laden betritt. Selbst wenn Sie nicht auf der Suche nach großen Stücken sind, werden Sie sicher das eine oder andere kleine Souvenir finden.

The Rag Trader: Dies ist eine urige Whiskey- und Stout-Bar mit einer kleinen Cocktailkarte. Wie der Name schon sagt, ist sie eine Hommage an die historische Vergangenheit der Straße und in einem ehemaligen Stofflager untergebracht.

Juanitos: Ein schönes Restaurant, das eine Mischung aus südamerikanischer, mittelamerikanischer und asiatischer Küche anbietet. Mit seinem einladenden Äußeren und entspannten Interieur serviert es frische und schmackhafte Gerichte, von südkoreanischem Popcorn-Hühnchen bis zu überbackenen Garnelen-Tacos.

The Hairy Lemon: Schauen Sie sich die Erinnerungsstücke an »The Commitments« an – viele der Szenen aus dem beliebten Film spielten sich in der Gaststube und an der Bar ab –, aber bleiben Sie für den Spaß. Außerdem finden Sie hier High Nellies (Fahrräder), Gummistiefel und allerlei Schnickschnack an den Wänden. Kein Besuch in Dublin ist vollständig, ohne dieses kleine Juwel zu besuchen.

Wenn Sie auf der Drury Street fertig sind, steuern Sie die Wicklow Street an.

10

TYSON
Heineken
AIG
Life's Too Short
TATTOO
Look Up!
THE STAG'S HEAD
JAMESON
BLACK
BARREL

DublinTown's Purple Flag District
Philip P Lynott
1949 - 1986

THE
CHESTER BEATTY
LIBRARY

Powerscourt
Townhouse
Centre
the garden
www.thegarden.ie
bouquets
made
to
order

J.T. PIM'S
J.T. PIM'S

O'NEILL'S
2 M.J. O'NEILL 2
WINES
SPIRITS

75 BROGAN'S BAR 75

HARDWARE
MARY'S
BAR
IRISH WHISKEY DUBLIN
ROE&CO
IRISH WHISKEY DUBLIN
ROE&CO

STALLS
OLYMPIA
The OLYMPIA Theatre
Tickets available from TICKETMASTER and usual outlets nationwide.
TICKETMASTER 24 Hour Booking Line 0818 719 330
Northern Ireland 0870 243 44 55
THE LIVE LAST WALTZ
GLADYS KNIGHT
BILLY CORGAN
MAVIS STAPLES
CHASING ABBEY
TOM GATES LIVE ON STAGE
TINDER: A MUSICAL COMEDY
A MURDER IS ANNOUNCED
THE DREAMBOYS

WICKLOW STREET

Die Wicklow Street verläuft von der Grafton Street im Osten bis zur Exchequer und South William Street im Westen. Diese Straße, in der früher Hutmacher und Schneider ansässig waren, ist in ihrer Gesamtheit wunderschön zu fotografieren, mit einer Vielzahl von Modegeschäften, Restaurants und einer ansteckenden Atmosphäre.

Le Petit Parisien: Eine gemütliche französische Konditorei und ein Café, das für seine einzigartige Atmosphäre und seine Erdbeertörtchen bekannt ist.

Butlers Chocolates: Hier wurde das allererste Café dieser wunderbaren irischen Institution geboren. Meine Kinder lieben die heiße Schokolade und ich kann dem Soft Fudge nicht widerstehen.

Murphy's Ice Cream: Gegründet von Kieran und Sean Murphy (irischer geht's nicht), in Dingle, Co. Kerry, und bietet eine spannende Auswahl an Eissorten, darunter Kaffee und Karamell, Meersalz und Schwarzbrot.

International Bar: Diese viktorianische Einrichtung ist in weiten Teilen im Originalzustand erhalten. Rote Velourssitze, eine lange Bar und Buntglasfenster machen den Charme des Lokals aus. Gehen Sie wegen der Geschichte hin, aber bleiben Sie wegen des Comedy-Kellers (natürlich im Obergeschoss!).

Mary's Bar: Diese Bar ist eine Hommage an die traditionelle ländliche Mehrzweckkneipe des zwanzigsten Jahrhunderts, in der die Besitzer den Betrieb mit einem Lebensmittel- und Eisenwarengeschäft kombinierten. Sowohl innen als auch außen ist sie ein Schmuckstück, das obendrein eine nette Atmosphäre ausstrahlt.

Wenn Sie der Wicklow Street weiter folgen, kommen Sie in die Exchequer Street, eine weitere belebte Straße mit vielen unabhängigen Geschäften. Ihr erster Halt ist **Fallon & Byrne**, das Flaggschiff dieses beliebten irischen Lebensmittelgeschäfts, das sich über drei Etagen erstreckt. Hier finden Sie eine Weinbar, ein Geschäft und ein Café sowie im obersten Stockwerk ein lichtdurchflutetes Restaurant.

IN BLOOM
Brown Thomas
Charlotte Posner

TMNFC

BRUXELLES
GUINNESS
BRUXELLES
CAFE BAR &
LOUNGES
SWAN
YARD
SWAN YARD 2
BRUXELLES
Heineken

WEITERE WICHTIGE ADRESSEN

The Green Hen: Ein stilvolles französisches Bistro, das eine Kombination aus gallischer Atmosphäre und irischen Gerichten mit Zutaten aus der Region bietet.

Olesya: Eine russische Weinbar mit einer großen Auswahl an Weinen und Live-Jazz als Zugabe.

The Library Bar: Das Obergeschoss des Central Hotel ist Dublins bestgehütetes Geheimnis. In den kälteren Monaten ist es hier besonders schön. Gehen Sie hin, um dem Trubel zu entkommen, aber bleiben Sie wegen des knisternden Kaminfeuers.

Von der Exchequer Street überqueren Sie Dame Court zur Dame Lane, einer geschichtsträchtigen Straße mit vielen Pubs. Sie wird von der South Great George's Street und der Dame Street begrenzt. Diese Gasse, die auf das Jahr 1756 oder so zurückgeht, ist ein beliebter Ort für das Nachtleben, aber ich gehe am liebsten am frühen Nachmittag spazieren, wenn noch nicht so viel los ist, und nehme mir Zeit, um die Atmosphäre und die Details einzufangen. In der Dame Lane befindet sich **The Stags Head**, ein äußerst beliebter viktorianischer Pub – ein wahres Schmuckstück mit vielen Ecken und Winkeln aus dem Jahr 1895. Gehen Sie auf einen Drink hinein, um sich selbst ein Bild davon zu machen, aber verlassen Sie die Gasse nicht, ohne auch die **Dame Tavern** und **Bankers** zu besuchen.

Gehen Sie zurück in Richtung South Great George's Street, einer weiteren Straße voller hervorragender Restaurants und Bars, und beachten Sie das **Bear Market Café** an der Ecke Dame Lane und South Great George's Street. Dieses beliebte Café, eines von vier im Besitz von Stephen und Ruth Deasy, zwei ehemaligen Architekten, ist die perfekte Mischung aus großartigem Kaffee, Design und irischer Gemütlichkeit. Es ist der perfekte Ort für einen Flat White und einen hausgemachten Brownie oder zwei.

www.thegarden.ie

Rosy
€20

DUBLIN CASTLE

Gehen Sie weiter nach Norden über die South Great George's Street auf der Dame Lane in Richtung Palace Street, Dublins kürzester Straße, vor den Toren des historischen Dublin Castle. Nr. 1 beherbergt das Bistro Chez Max im französischen Stil, und Nr. 2 ist das historische Wahrzeichen der Stadt, ein vierstöckiges Haus und ehemaliger Hauptsitz der ältesten Wohltätigkeitsorganisation Dublins, der Sick & Indigent Roomkeepers Society, die 1740 gegründet wurde, wie an der Fassade vermerkt. Bei Chez Max können Sie eine Kleinigkeit essen oder einen Kaffee trinken, bevor Sie die Tore von Dublin Castle betreten, der ehemaligen königlichen Residenz des Lord Lieutenant von Irland und Sitz der britischen Herrschaft.

Nach der Unabhängigkeit Irlands im Jahr 1922 wurde die Burg der provisorischen Regierung übergeben. Heute ist es ein wichtiger Regierungskomplex und eine große Touristenattraktion. Sie können das Gelände, einen eleganten Innenhof und die Chapel Royal (die offizielle Kirche von Irland und Hauskapelle des Lord Lieutenant von Irland von 1814 bis zur Gründung des irischen Freistaats 1922) besichtigen. Die neugotische Architektur mit ihren Buntglasfenstern und geschnitzten Eichengalerien ist natürlich einen Besuch wert.

Zu bestimmten Zeiten können Sie das Schloss zu einem geringen Eintrittspreis betreten und die Battle-Axe Staircase erklimmen, um auf den Spuren berühmter Persönlichkeiten der irischen Geschichte zu wandeln. Der in Clontarf geborene Autor von *Dracula*, Bram Stoker, hat hier einst gearbeitet, und Prinzessin Gracia von Monaco, John F. Kennedy, Nelson Mandela und Charles de Gaulle waren unter anderem hier zu Gast.

Auch heute noch ist das Schloss Schauplatz zahlreicher Staatsbesuche, Konferenzen und Amtseinführungen von Präsidenten. Auf dem Gelände befindet sich die weltberühmte Bibliothek Chester Beatty, sie beherbergt eine Sammlung von Manuskripten, seltenen Büchern und Artefakten, gestiftet von dem amerikanischen Bergbauingenieur Sir Alfred Chester Beatty.

Gehen Sie durch die Werburgh Street und die Bride Street zur Patrick Street, wo Sie eine Reihe von Highlights finden werden: Jam Art Factory, eine unabhängige Kunstgalerie, Caxton Antique Prints und Adonis Flowers.

CHEZ MAX
No.1
CHEZ MAX
Tel: 01 6337215
LUNCH

QUEEN of TARTS

ARCHWAY
LAGER

TRINITY STREET
The Pen Corner

DRY &FLY
WICKLOW STREET 2
L'OCCITANE
EN PROVENCE
JoJo Maman Bébé

LOUIS COPELAND
LE PETIT PARISIEN
LE PETIT PARISIEN

P
STOP

Schauen Sie sich in Ruhe die Umgebung an, wo die historischen mittelalterlichen Viertel auf die ebenso kultigen Liberties treffen. Spazieren Sie hinüber zur Francis Street (auch bekannt als das Antiquitätenviertel), hinauf zur St. Patrick's Cathedral oder zurück zur Dame Street, wo Sie die Christ Church Cathedral (eine fast 1.000 Jahre alte Wikingerkirche) und andere beliebte Orte wie Brogans Bar und das Olympia Theatre (Dublins ältestes Theater mit einer wunderschönen viktorianischen Fassade) finden.

Legen Sie eine Pause bei Queen of Tarts ein und gehen Sie in Richtung Temple Bar. Ich gehe hier am liebsten durch, wenn es ruhiger ist. Jahrelang habe ich Temple Bar gemieden, aber inzwischen bin ich gern hier. Ich schlage den kurzen Weg durch die Cow's Lane vor, um den Designer Mart, einen samstäglichen Markt im Freien, und den Gutter Bookshop zu erkunden und dann nach Lust und Laune durch die gepflasterten Straßen zu schlendern.

Verlassen Sie Temple Bar und gehen Sie in Richtung des Flusses Liffey über die Ha'penny Bridge zum Winding Stair Bookshop und Restaurant. Im Obergeschoss dieses denkmalgeschützten Restaurants mit seinen Bücherregalen in jeder Ecke und dem nackten Holzboden haben Sie einen atemberaubenden Blick auf die Brücke. Dies ist eine Dubliner Institution, benannt nach einem Gedichtband von W. B. Yeats (der Titel bezieht sich auf die Treppe in Thoor Ballylee, dem ehemaligen Wohnhaus des Dichters). Das Restaurant ist nicht nur für seine Geschichte und seine Aussicht bekannt, sondern auch für seine altmodischen und saisonalen irischen Gerichte. Zu den Favoriten, die das ganze Jahr über angeboten werden, gehören Muscheln sowie geräucherter, pochierter Schellfisch. Im Erdgeschoss befindet sich die alte Buchhandlung, die im Laufe der Jahre Hunderten von Dubliner Schriftstellern und Künstlern als geistige Heimat diente. Dabei ist sie gar nicht so alt, wie sie sich anfühlt, aber das ist irrelevant. Hier gibt es eine wunderbare Sammlung von Belletristik und Sachbüchern, neu und aus zweiter Hand. Schnappen Sie sich ein Buch und nehmen Sie es mit, oder setzen Sie sich eine Weile in den großen Ledersessel und blättern Sie in etwas Besonderem, halten Sie ab und zu inne, um das Treiben in dieser schönen Stadt auf sich wirken zu lassen. Wenn Sie zum Aufbruch bereit sind, schlendern Sie den Bachelors Walk entlang, bevor Sie über die Ha'penny-Brücke zurückgehen.

A1
ALARMS
4538322
22
Charles Byrne
MUSI
FIRE
EXIT
KEEP
CLEAR

CELEBRA
HOUS
OLD LIQU
WHISKE

THE WINDING STAIR
BOOK SHOP

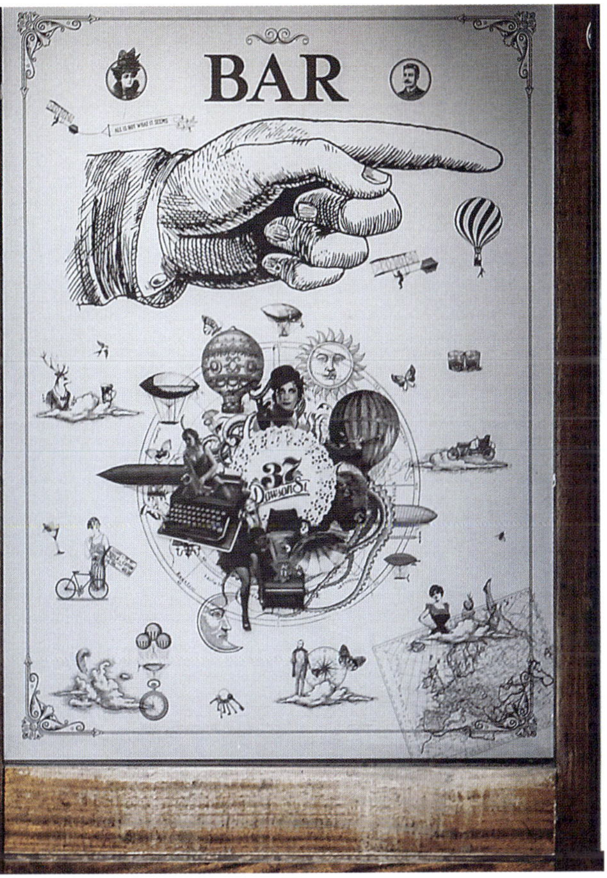
BAR

NTERNATIO
BAR

NEWBRIDGE
silverware

SOUTH-EAST CENTRAL

DIE GEGEND ÖSTLICH DER GRAFTON STREET, MIT ST. STEPHEN'S GREEN UND DEN ÜPPIGEN GEORGIANISCHEN PLÄTZEN

SOUTH EAST CENTRAL

#prettycitydublin

THE GRAYSON 41 St Stephen's Green
THE IVY 13-17 Dawson St

TILLER + GRAIN 23 Frederick St S
BESTSELLER 41 Dawson St

ULYSSES RARE BOOKS 10 Duke St

O'DONOGHUE'S 15 Merrion Row DOHENY & NESBITT 5 Baggot St Lower PERUKE & PERWIG 31 Dawson St

LITTLE MUSEUM OF DUBLIN 15 St Stephen St
MUSEUM OF ARCHEOLOGY Kildare St

Anne's Lane, Merrion Square, Baggot St Lower, Peru Embassy, Trinity College

SWENY'S PHARMACY 1 Lincoln Pl

PRETTY CITY
DUBLIN

DUN·LAOGHAIRE ✱ NELSON·PR
The key to Ireland's greatest square
How to read this building
The Pillar in the 1916 Easter Rising

Von den georgianischen Plätzen über großartige Museen, Kunstgalerien und das historische Trinity College bis hin zum autofreien Charme der Grafton Street und der umliegenden Straßen - dies ist eine der schönsten Gegenden Dublins. Die Geschichte dieses Viertels begann 1592 mit dem Bau des Trinity College, und 100 Jahre lang blieb es auch dabei, bis der St. Stephen's Green angelegt wurde. Im achtzehnten Jahrhundert wurden öffentliche Gebäude wie die Old Library at Trinity und das Leinster House gebaut.

Entfliehen Sie dem Trubel in St. Stephen's Green, dem grünen Herzen der Hauptstadt, stöbern Sie in einem Museum, schlendern Sie an den Straßenmusikern und Bewley's Café in der Grafton Street vorbei oder bummeln Sie durch Dawson und South Frederick. Wofür auch immer Sie sich entscheiden, eine wunderbare Zeit ist Ihnen garantiert.

WICHTIGE ADRESSEN

St Stephen's Green, ein 27 Hektar großer Park in der Nähe der Grafton Street, ist mit seinem Springbrunnen, dem See, der Brücke, den Blumenbeeten und den beeindruckenden Bäumen ein wahrer Rückzugsort. Er ist außerdem mit Denkmälern für bedeutende Persönlichkeiten übersät: Sie finden hier u. a. eine Büste von Joyce und ein Denkmal für Yeats. Unabhängig vom Wetter oder der Jahreszeit werden Sie feststellen, dass die Menschen die Pracht mit Picknicks auf dem Rasen, beim Entenfüttern oder auf dem Spielplatz genießen.

Wenn Sie den Park verlassen, empfehle ich Ihnen die Nordseite des Green mit ihren prächtigen Fassaden, eleganten Restaurants und dem opulenten **Shelbourne Hotel**. Hier finden Sie eine meiner Lieblingsattraktionen in Dublin: das **Little Museum of Dublin**. Wenn Sie nur Zeit für einen einzigen Museumsbesuch haben, dann sollten Sie genau hierher kommen. Im geringen Eintrittspreis ist eine unterhaltsame Führung enthalten – und Sie haben noch etwas Zeit, sich selbst umzusehen. Das Museum zeigt die irische Geschichte des zwanzigsten Jahrhunderts auf mehreren Etagen und widmet der irischen Rockband U2 einen eigenen Raum. Leider gibt es kein Café, aber gegen Vorlage Ihrer Eintrittskarte für das Museum erhalten Sie nebenan bei Hatch & Son einen Rabatt.

BEWLEY'S ORIENTAL CAFÉS L.TD
BEWLEY'S

DAWSON STREET

Die Dawson Street lässt sich am besten erkunden, wenn man oben anfängt und sich nach unten durcharbeitet. Beliebte Restaurants wie das **Café en Seine, Fire** und **The Ivy** sind hier zu Hause, aber für mich sind die wirklichen Highlights die folgenden:

Periwig and Peruke: Brillante Cocktailbar und ein Restaurant, ursprünglich das Geschäft von James Donoghue, einem Perückenmacher und Händler. Das Interieur ist eine Hommage an den ehemaligen Laden: abgenutzte Dielen, alte Bars und interessante Schränke, die von Perücken überragt werden. Die Cocktailkarte ist umfangreich – Klassiker mit irischem Einschlag – und jedes Getränk ist mit einer Perle der Weisheit versehen.

Bestseller Café: Tagsüber ist es ein Café, abends eine Weinbar. Das Gebäude, ursprünglich die National Bible Society of Ireland, hat viel Ursprüngliches beibehalten. Bücher säumen die Wände, und im hinteren Bereich ist es dunkel und gemütlich. Wenn Sie das Glück haben, einen der kleinen Tische im vorderen Bereich zu ergattern, wird es Ihnen schwe fallen, das Lokal zu verlassen. Draußen schlürfen Sie Ihren Flat White zum Lärm der Dawson Street und dem Läuten der Luas-Glocken.

Hodges Figgis: Hodges Figgis, einer der beliebtesten Buchläden Dublins, der bereits in *Ulysses* erwähnt wurde, wurde 1768 gegründet und ist damit Dublins älteste Buchhandlung. Seine auf vier Etagen verteilten Regale sind übervoll mit einer hervorragend zusammengestellten Auswahl. Die Fassade sieht genau so aus, wie man sich eine Buchhandlung im viktorianischen Zeitalter vorstellt. Porträts von irischen Literaturhelden säumen die Wände. Einige haben eine engere Verbindung zu dieser jahrhundertealten Institution. So soll der Dichter Patrick Kavanagh gedroht haben, »den Laden zu ruinieren«, als er feststellte, dass sein Roman nicht im Schaufenster ausgestellt war.

St Ann's Church: Sie stammt aus dem Jahr 1721, und ihre romanische Fassade wurde 1868 errichtet. Sie ist aus der Ferne wunderschön zu sehen – sogar von der Grafton Street aus. Abseits der Dawson Street geht es weiter mit Duke Street und St Anne's Street.

31
PERUKE &
31
Bus Éireann
BUS
W.M. Jordan
Licenced to sell beers, wines & spirits.

35
deVeres

WEST CORK
PERUKE & PERIWIG

B
BESTSELLER, DUBL
COFFEES & TEAS
COCKTAILS & CHAM
YOU LOOK
LOVELY TODAY

BLOOMSWA
A DAY IN THE LIFE OF DUBL
Desmond Fennell

IRISH AFTERNOON TEA
FROM THE BAKERY
GOOD WINE TIME
NIBBLES & BITES
TRADITION
SPECIALS
LICENSED TO SELL WINES

LOLLY AND COOKS
07.00 - 10.00
16.00 - 19.00
MON - SAT

DUKE STREET

Die Duke Street ist vor allem für ihre historischen Pubs bekannt, The Duke und Davy Byrnes, und eignet sich hervorragend für den Feierabend.

The Duke: Der gut erhaltene, traditionelle Pub aus dem Jahr 1822, benannt nach dem 2. Duke of Grafton, hat eine faszinierende literarische Vergangenheit. Er ist eng mit großen irischen Schriftstellern wie Brendan Beehan und Patrick Kavanagh verbunden und ist sogar der Ausgangspunkt für die berühmte Dubliner Literaturkneipentour.

Davy Byrnes: Dies ist eine »schöne ruhige Bar«, die ebenfalls in *Ulysses* Erwähnung fand. Ein Besuch lohnt sich wegen der Jugendstil-Deckenleuchte und der geschwungenen Marmortheke.

Ulysses Rare Books: Stöbern Sie in dieser interessanten Buchhandlung in vielen Erstausgaben von großen Dubliner Schriftstellern und frühen Manuskripten von Autoren wie Samuel Beckett, W. B. Yeats, James Joyce und Oscar Wilde. Dieses Familienunternehmen hat sich auf irische Geschichte, Literatur und Landkarten spezialisiert. Die blaue Fassade wird Ihnen ins Auge fallen, aber bleiben Sie nicht davor stehen, sondern gehen Sie unbedingt hinein.

SOUTH ANNE STREET

Eine weitere stimmungsvolle Seitenstraße der Grafton Street, ein Traum für jeden Fotografen: bunt und geschäftig, aber mit viel Freiraum. Ich stehe gerne in der Nähe der Grafton Street und fange sie in ihrer Gesamtheit ein. Zu den wichtigsten Highlights gehören der traditionelle irische Pub **Kehoe's** und die kreative Installation »Umbrellas« in der South Anne's Lane.

ANTIQUARIAN
BOOKS & MAPS
DANKER
ANTIQUE
ULYSSES
RARE BOOKS

WRITERS TEARS
WRITERS TEARS
ULYSSES

THE DUKE
GILLIGAN'S

fM
fM
fM

Sams
35
Sams
35
Kerlin Gallery
WHISKEY
KIN
MX

CAFE en
Service Area
Please Use
Front of Bar

SOUTH FREDERICK

Diese hübsche kleine Straße verläuft zwischen der Molesworth Street und der Nassau Street, nur einen Steinwurf vom Trinity College entfernt. Mit einem wunderbaren Gemisch aus noblen Stadthäusern, Buchläden, Galerien und erstklassigen Restaurants ist es hier immer überraschend ruhig. Die Straße, die in den 1730er-Jahren als mondäne Wohnhauszeile angelegt wurde, hat sich im zwanzigsten Jahrhundert durch den Abriss vieler Häuser stark verändert. Trotzdem hat sich die Straße ihren Charme bewahrt, da einige alte Häuser erhalten geblieben sind ... Hier meine Lieblingsstücke im unteren Teil:

Tiller + Grain: Ein relativ neues Café in der South Frederick Street, das von der ehemaligen Ottolenghi-Chefin Clair Dowling eröffnet wurde. Passend zum farbenfrohen Interieur gibt es eine fabelhafte Auswahl an bunten Salaten und warmen Gerichten.

Trinity Town House: Ein Boutiquehotel mit dreißig Zimmern, das sich über zwei Stadthäuser erstreckt.

Dunne and Crescenzi: Das Flaggschiff der kleinen Restaurantkette hat hier seit 1999 geöffnet und serviert unkomplizierte italienische Küche in einem gemütlichen Ambiente. Die umfangreiche Speisekarte umfasst Suppen, Salate, Nudelgerichte und Beilagen.

International Books: Dies ist eine sympathische, unabhängige Buchhandlung, die es seit 1990 gibt.

LCE CORPL J. F. MCGINLEY
SERGT J. C. PEARSON
PTE J. MOONEY
3RD BATTALION
PTE J. CUMMINS
P. O'BRIEN
T. OLDHAM
W. SHERWOOD
PTE J. BEHAN
M. EARS
P. ROACH
F. POOLEY
H. HUNT
SERGT J. BROUGHTON
PTE H. KENNY
P. FRAKILL
J. BURKE
4TH BATTALION
SERGT T. DANIELS
LCE CORPL P. O'HARA
PTE C. HYDER
P. KAVANAGH
M. TYRELL
M. MAHONEY
C. BYRNE
CORPL J. WILSON
PTE J. DYWER
T. DAVIS
F. H. CLARK
J. CONNOR
P. MAGUIRE
T. O'DONOGHOE
J. QUIRKE
J. HYLAND
J. SUTTON
R. AMBROSE
F. CASSIDY
P. HANLON
W. KELLY
P. KAVANAGH
P. BUCKLEY
5TH BATTALION
PTE C. MCDONNELL
J. MADDEN
A. NEILL
J. MULVANEY
P. COONEY
C. JONES
P. CONNOLLY
J. WALSH
M. REDMOND
W. BYRNE
T. COURTNEY
C. WALKER

ESTD .1993
JOHN KEHOE
SLANE
IRISH WHISKEY
GUINNESS

THE
SERV
ATE
CRAFT BEERS
ESTIVE PUB

Kennedys
ESTABLISHED 1850
Established in 1850, Kennedys enjoys a long standing reputation as one of the finest watering holes in Dublin.
Situated on the corner of Trinity College & steeped in a literary tradition, today's customers stand where Wilde, Joyce & Yeats once stood.
Its a wonderful feeling knowing you're treading the same floorboards as the literary greats of our past. A young Oscar Wilde once worked in the building, before it became a well known pub.
Renowned for its food offerings, Kennedys also offer an extensive menu of wines, whiskeys, craft stouts and ales.
Kennedys is a great spot to eat, drink & chat… …has been ever since Oscar Wilde wore short pants!
GUINNESS

FORTISSIMIS SVIS MILITIBVS
HOC MONVMENTVM
EBLANA DEDICAVIT MCMVII
TALANA
COLENSO

MERRION SQUARE

Dieser wunderschöne öffentliche Gartenplatz, gesäumt von beeindruckenden georgianischen Gebäuden (Häuser und Museen) und farbenfrohen Türen, bildet das Herz des georgianischen Dublins. Er ist definitiv einer meiner Lieblingsorte in Dublin und verdient eigentlich ein ganzes Buch, das seinen Reizen gewidmet ist. Der Merrion Square wurde im späten 18. Jahrhundert erbaut und beherbergte einst viele der größten Helden Irlands, darunter Daniel O'Connell (er wohnte in Nr. 58), W. B. Yeats (in Nr. 82) und Oscar Wilde (in Nr. 1). Heute ist noch viel von der georgianischen Pracht erhalten, was sich an den vielen schönen Türen mit halbrunden Oberlichtern, den großen Museen und dem luxuriösen Merrion Square Hotel zeigt. Setzen Sie diesen Platz unbedingt auf Ihre Liste. Besuchen Sie die ummauerte öffentliche Grünfläche, die mit einem Spielplatz und Gedenkstätten für irische Helden (insbesondere das Oscar-Wilde-Denkmal) für Ruhe und Entspannung sorgt.

Der Fitzwilliam Square, sein ruhigerer georgianischer Nachbar, ist ebenfalls einen Besuch wert. Obwohl dort viele Büros untergebracht sind, strahlt er immer noch eine besondere Atmosphäre aus. Ein Bummel ohne Ziel führt Sie sicher an der legendären Tür vor der peruanischen Botschaft vorbei.

Wenn Sie hungrig sind, sollten Sie sich zur Merrion Row begeben, wo es eine Reihe fantastischer Restaurants gibt, von Etto über Hugo's bis zur Pearl Brasserie. Wenn Sie einfach nur ein Bier trinken möchten, gehen Sie in den kultigen traditionellen irischen Pub **O'Donoghues**, in dem jeden Abend irische Musiker auftreten. Die irischen Legenden Christy Moore and the Dubliners haben dort erst vor Kurzem gespielt.

45

56

Dax

HENNESSY O'SHEA
46

PORTOBELLO, RANELAGH UND RATHMINES

DÖRFER NAHE AM KANAL,
JEDES MIT EIGENEM CHARAKTER

RATHMINES & RANELAGH

#prettycitydublin

THE SELLA DINER 211 Rathmines Rd Lower
ER BUCHETTO 71 Ranelagh Rd

BROTHER HUBBARD 46 Harrington St
BRETZEL 1A Lennox St
WALL & KEOGH 45 Richmond St S

STELLA CINEMA 207, 209 Rathmines Rd Lower

WHELAN'S 25 Wexford St THE BERNARD SHAW Richmond St S BIRCHALLS 129 Ranelagh Rd

CHRISTY BIRD ANTIQUES 32 Richmond St S
APRIL & THE BEAR 2 Wynnefield Rd

THE DEAN HOTEL 33 Harcourt St
THE DEVLIN DUBLIN 117-119 Ranelagh Rd

Heytesbury St, Harcourt St, , Synge St,
Dartmouth Square

PRETTY CITY DUBLIN

Z-Tec

PORTOBELLO

Portobello ist eine kleine, begrünte Enklave mit einer großen, interessanten Geschichte. Die Einheimischen kennen es als Klein-Jerusalem, weil es in der ersten Hälfte des zwanzigsten Jahrhunderts eine große jüdische Bevölkerung hatte. Der Protagonist in James Joyces *Ulysses*, Leopold Bloom, ist ein fiktiver Jude, der in dieser Gegend lebte (Clanbrassil Street Nr. 52). Berühmt ist das Viertel auch als Geburtsort des Dramatikers und Nobelpreisträgers George Bernard Shaw. Nur zehn Gehminuten vom Stadtzentrum entfernt und direkt am wunderschönen Canal Grande gelegen, ist es eines der schönsten Wohnviertel der Hauptstadt. Es hat eine entspannte Atmosphäre, aber vor allem fühlt es sich sehr einladend an: eine Vielzahl von Bäckereien, Teeläden, Cafés, alten Antiquitätenläden, hübschen Häusern und Geschichten, die es zu erzählen gibt. Am Wochenende zeigt sich die Stadt von ihrer besten Seite. Lennox, Heytesbury und Synge Street sind alle wunderschön zu erkunden und zu fotografieren, aber ich vermute, Sie werden mit jeder Route zufrieden sein.

WICHTIGE ADRESSEN IN PORTOBELLO

The Bretzel Bakery: In diesem freistehenden, dreistöckigen Gebäude aus dem 19. Jahrhundert befindet sich die »Bretzel Bakery« mit ihren Regalen voller Brote, die nach traditionellen Rezepten in einem Steinofen aus der Jahrhundertwende gebacken werden. Die schöne Fassade ist nicht zu übersehen, und die Bäckerei ist sieben Tage die Woche geöffnet.

Brother Hubbard North (mit Brother Hubbard South): Dies ist ein weiteres ausgezeichnetes Café, das sich perfekt zum Brunch eignet. Die gebackenen Eier sind eine beliebte Wahl für Kenner.

Christy Bird Antiques: Treten Sie ein in Dublins ältestes Antiquitätengeschäft, eine wahre Fundgrube und ein Juwel zum Fotografieren von innen und außen (natürlich mit Erlaubnis des Besitzers).

Wall & Keogh: Loser-Blatt-Tee ist hier der Star. Es gibt über 150 Sorten zu kaufen, die alle in bildhübschen Gläsern aufbewahrt werden. Ein großartiger Ort, um sich mit Freunden bei einer Kanne »Put the Cat Out« zu treffen oder sich einfach in den kleinen gemütlichen Innenhof zu setzen und den Jazz zu genießen, der im Hintergrund läuft.

The Bernard Shaw and Eatyard: Hier gab es früher ständig Essen, Festivals und DJ-Sets, bis es leider im Oktober 2019 geschlossen wurde, kurz nachdem ich es fotografiert hatte. Die lebendige Fassade ist aber immer noch einen Blick wert, und es wird hoffentlich nicht allzu lange dauern, bis es wieder in Betrieb ist.

Bibis: Ein gemütliches und freundliches Café im Herzen des Viertels.

1894
ELAN 25
BREWED IN IRELAND
o'hara's
ESTD 1996
IRISH CRAFT BEERS
ON TAP
a lazarus soul
roll with it
Shrug Life
ANN SCOTT
WE BANJO 3
WHELANS LIVE
STIPE
FRI 30th AUG 2019
MACK FLEETWOOD
SINGLE RELEASE
THE LAST BOYS
ATICUS
CINNTE
The Lost Messiahs
WHELANS, WEXFORD STREET
FRIDAY 6th SEPTEMBER 2019
FIELDS
105.2
WEEKEND
ONLINE

BRETZEL BAKERY
BRETZEL BAKERY

GUINNESS

45 WALL & KEOGH 45
eat.drink.venue
tea lounge
Sorry WE'RE CLOSED
WALL & KEOGH
SERIOUS COFFEE
& Loose Leaf
TEA
all day
HAVE HERE / TAKE OUT

GUINNESS

THE
CRIES
OF DUBLIN
IN AN
IRISH HOUSE
IRISH HANDS

WALL & KEOGH

1895
THE BERNARD SHAW
Turn Rubbish into Pints

DEVITT'S
DEVITT'S
Camden St.
ÁTH CLIATH
DEVITTS
BAR
UPSTAIRS
OPEN
SRÁID PLEASANTS
PLEASANTS STREET 8
Open 7 days each week!
The One and Only.
DEVITT'S
PUB
AND
RESTAURANT
FOOD SERVED DAILY
WHISKEY BEER
IRISH COFFEE
TRAD SESSIONS
FUNCTION
ROOM
AVAILABLE
DEVITT'S
OF CAMDEN STREET
EST. 1871
DEVITT'S
Food Served
Daily
BREAKFAST
LUNCH & DINNER
Live Music
Nightly

BERNARD SHAW

17

RATHMINES

Der Stadtteil, der am Südufer des Grand Canal beginnt und sich auf beiden Seiten der Rathmines Road bis nach Harold's Cross und Ranelagh erstreckt, war früher nur bei Studenten beliebt; heute hat er eine ganz andere Energie. Nun ist es ein blühendes Dorf mit hübschen Cafés und unabhängigen Geschäften. Die Lage am Kanal macht es zu einem perfekten Ort für einen Spaziergang.

WICHTIGE ADRESSEN

Stella Cinema and Diner: Ein Diner im amerikanischen Stil mit einem exquisiten Kino aus den 1920er-Jahren, das in seiner früheren Art-déco-Pracht restauriert wurde. Es ist voll von aufwendigen Details, antiken Spiegeln, einer gusseisernen Treppe und opulenten Möbeln. Eine malerische Außenterrasse trägt zu seinem unvergleichlichen Charme bei. Mit einer Mischung aus goldenen Oldies und den neuesten Blockbustern ist es ein besonderer Ort.

April & the Bear: Ein beliebtes Lifestyle- und Einrichtungsgeschäft, das sich auf Möbel, Wanddekoration und Beleuchtung spezialisiert hat. Leider traf ich das Geschäft bei meinen Besuchen immer geschlossen an. Ich füge es hier ein, weil ich weiß, dass ich es gerne besuchen würde, und ich hoffe, dass Sie mir einfach glauben.

Butlers Chocolate Café
Raon Rothar
CYCLE TRACK
Luan - Sath
07.00 - 19.00
MON - SAT
Butlers Chocolate Café

RANELAGH

Nur einen kurzen Spaziergang von Rathmines entfernt liegt Ranelagh, eines der bekanntesten Dörfer Dublins und ein Mekka für Cafés, Restaurants und Geschäfte. Nehmen Sie sich einen Nachmittag Zeit, um es zu erkunden.

WICHTIGE ADRESSEN

Dartmouth Square: Dieser viktorianische Platz aus dem Jahr 1865 ist einen Besuch wert. Eine vornehme Grünfläche, umgeben von eleganten historischen Häusern und schmiedeeisernen Geländern und Toren, einer prächtigen, mit Glyzinien bewachsenen Pergola und einem Spazierweg.

Birchalls: Mit einer lebendigen und auffälligen Fassade finden Sie im Inneren eine freundliche, traditionelle Kneipe der alten Schule.

Morton's: Ein familiengeführtes Geschäft für Feinkost, frisches Obst und Gemüse, das sich auch auf feinen Käse und Weine spezialisiert hat.

Host: Mit seinem minimalistischen, aber schönen Interieur setzt das Host auf köstliches Essen. Teller zum Teilen, gegrilltes Fleisch und hervorragende Weine tragen zur Attraktivität bei.

The Village Barber: Eine charmante Ergänzung zur authentischen Dorfatmosphäre.

Smyths: Dies ist ein weiterer schöner Pub, in dem wöchentlich traditionelle irische Musik und sonntägliche Jazz-Sessions geboten werden.

SEHENSWERTE WOHNSTRASSEN

Leeson Park: Eine Straße mit eleganten viktorianischen Häusern und zwei Kirchen am Ende des Dartmouth Square in Ranelagh.

Mount Pleasant Square: Dieser hübsche Platz aus dem Jahr 1803 mit seinen geschwungenen, sichelförmigen Terrassen ist ein echter Blickfang.

30

MY GOODNESS
MY GUINNESS
ANELAGH
129

The Village
Barber
Est 1983
Stay Tradition

SMYTHS
of

epicus
RAṠNALLAG
RANELAGH
6
COFFEE

HARCOURT STREET UND CAMDEN STREET

Wenn Sie den Grand Canal überqueren, gelangen Sie bald zu einer großen Durchgangsstraße mit georgianischen Gebäuden und Luas-Gleisen. In der Harcourt Street befinden sich Büros, Restaurants und Hotels. Das Iveagh Hotel und das Dean sind unbestritten die besten.

Die Iveagh Gardens sind eine wunderschöne, ruhige Oase, die etwas versteckt liegt und in der jährlich das beliebte Feinschmeckerfestival »Taste of Dublin« stattfindet. Im Anschluss an einen Besuch sollten Sie entweder zur Camden Street, Pleasant Street oder Wexford Street spazieren. Dieser Straßenzug wird wahrscheinlich keine Preise für seine Schönheit gewinnen, aber hier gibt es viele Cafés, Pubs und hervorragende Restaurants. Sie ist ein beliebter Ort für Junggesellenabschiede, sodass es wahrscheinlich ratsam ist, Ihre Ausflüge nach Einbruch der Dunkelheit für einen Besuch im beliebtesten Live-Musik-Lokal der Stadt, dem Whelan's, aufzuheben.

Beginnen Sie Ihren Tag im Meet Me in the Morning, reservieren Sie einen Tisch für das Mittagessen im Delahunt oder holen Sie sich einen köstlichen New Yorker Thunfischsalat in Liston's Deli und ziehen Sie sich in die nahe gelegenen Iveagh Gardens zurück; beenden Sie den Tag mit einem Besuch im Whelan's on Wexford und lassen Sie die Atmosphäre der geistigen Heimat so vieler genialer Singer-Songwriter auf sich wirken.

WICHTIGE ADRESSEN

Delahunt: Dies war früher eine legendäre Kneipe namens Carville's, die für ihr historisches Ambiente und ihr umfangreiches Angebot an Weinen und Spirituosen bekannt war. Noch bevor es Carville's hieß, war es als »Delahunt of Camden Street« bekannt, ein Lieferant von Lebensmitteln und Vorräten, darunter Gänse, Truthähne, Tees, Weine und Whiskeys; es wird sogar in *Ulysses* erwähnt. Ich bin froh, dass es 2015 als restauriertes Delahunt-Restaurant wiedereröffnet wurde. Draußen erwartet Sie eine schöne viktorianische Fassade mit attraktiver Beschilderung. Innen sind die Wände in Grüntönen gehalten. Es gibt eine gemütliche Sitzecke und Mahagoniregale mit Weinflaschen, und an der Wand hängt das Originalschild von

CINNAMON

Delahunt. Auch die Speisekarte enttäuscht nicht. Tagsüber ist es ein Café, in dem Mittagessen und Kaffeespezialitäten serviert werden, und abends ein stilvolles Restaurant, in dem Fisch vom Markt, Rehkeule und gebratene Schweinehüfte angeboten werden. Im Obergeschoss befindet sich die Cocktailbar im Stil der Jahrhundertmitte, die clevererweise »Sitting Room« heißt. Die gewölbte Decke und die Retro-Möbel verleihen ihr einen Hauch von Raffinesse.

Whelans: Irlands berühmte Bar mit Live-Musik-Sessions und traditionellem Pub. Der Ort, an dem David Gray Irland kennenlernte. Musikhelden wie Glen Hansard und Mundy haben hier gespielt. Auch in der Liebeskomödie »P.S. I Love You« spielt es eine Rolle.

Listons: Ein großartiger Lebensmittelladen und ein Delikatessengeschäft, das bei Berufstätigen in der Mittagspause beliebt ist und eine fabelhafte Auswahl an frischen Salaten und Broten bietet.

Meet Me in the Morning: »Dieser verträumte Frühstücksort ist dank eines großen Fensters lichtdurchflutet und fühlt sich an wie die trendige und doch gemütliche Wohnung eines alten Freundes« – *Condé Nast Traveller.* Heutzutage findet man wohl kaum einen Reiseführer über Dublin, in dem dieses Juwel nicht erwähnt wird – und das aus gutem Grund. Die ständig wechselnde Speisekarte mit klassischen, gesunden Gerichten, dem Gubbeen-Räucherschinken und dem McNally's Lunch Hash, gefolgt von einem köstlichen Flat White, ist ein Garant dafür. Außerdem ist es dank der großen Fenster gut beleuchtet, und die Fassade lädt zum Fotografieren ein.

Devitts: Ein weiterer guter irischer Pub mit Livemusik.

The Last Bookshop: Ein Antiquariat mit prall gefüllten Regalen, versteckt in der Lower Camden Street. Es wird von dem Ehepaar Mary und Alan Warnock geführt, die sich zufällig in einer Buchhandlung kennengelernt haben.

BAGGOT STREET, BALLSBRIDGE UND SANDYMOUNT

EINE MISCHUNG AUS MEERBLICK, STILLEN GRÜNEN STRASSEN, DÖRFLICHEM CHARME UND EINER VIELZAHL WUNDERBARER LOKALE. HIER FINDEN SIE AUCH DIE RDS ARENA UND DAS AVIVA STADIUM.

BALLSBRIDGE & SANDYMOUNT

#prettycitydublin

- HIGH NELLY'S COFFEE HOUSE Haddington Rd
- ROLY'S BISTRO 7 Ballsbridge Terrace
  THE BUTLER'S PANTRY 3 Sandymount Green
- GINKO FLORISTS 48 Baggot Street Upper
- PEMBROKE LIBRARY Anglesea Rd
  BOOKS ON THE GREEN 2 Seafort Ave
- Herbert Place, Herbert Park, Sandymount Village Green, Sandymount Strand
- SEARSONS 42-44 Baggot Street Upper
  CROWES PUB 10 Merrion Rd
  O'REILLY'S 5 Seafort Ave

PRETTY CITY DUBLIN

Die Baggot Street in Dublin hat eine faszinierende Geschichte. Die Lower Baggot Street stammt aus der georgianischen Zeit, während die obere Hälfte überwiegend viktorianisch ist. Erkunden Sie zuerst die Lower Baggot Street, die vor allem für ihren legendären Irish Pub, Doheny & Nesbitt, bekannt ist, in dem es zwei feine Bars, eine einladende Atmosphäre und ein hervorragendes Pint gibt. Die kleine viktorianische Fassade bietet ein perfektes Fotomotiv.

Nur einen kurzen Spaziergang über den Grand Canal entfernt liegt die Upper Baggot Street, eine schöne dörfliche Enklave mit hübschen Cafés, Geschäften und Pubs. Unterbrechen Sie Ihren Spaziergang dort mit einem Bummel entlang des Grand Canal.

WICHTIGE ADRESSEN

Searson's: Das 1845 gegründete Searson's hat sich seinen Platz in der irischen Geschichte verdient und ist heute dank seiner Nähe zum Aviva Stadium und zur Lansdown Road bei den Match-Besuchern beliebt.

Ginkgo Florist: Ein kleines Geschäft mit großem Charme bereichert die Gegend um eine weitere Schönheit. Aus dem lebhaften Shop, der von einem prächtigen Schaufenster eingerahmt wird, sprießen bezaubernde Blüten.

Cavern Wine Bar: Versteckt unter Baggot Street Wines liegt die Cavern, eine hervorragende Weinbar mit einem gemütlichen Innenhof.

BALLSBRIDGE

Ballsbridge ist als eine der vornehmsten Adressen Dublins bekannt. Das Viertel erstreckt sich im Norden in Richtung Grand Canal entlang der Northumberland Road bis zur Haddington Road und Shelbourne's, im Süden entlang der Merrion Road und der Anglesea Street bis Donnybrook und im Westen um die Pembroke Road, Elgin und Herbert Park.

Die Häuser in Straßen wie der Shrewsbury Road und der Ailesbury Road gehören zu den teuersten in Irland. Die Gegend ist gespickt mit Botschaften und diplomatischen Residenzen. In den 1940er- und 1950er-Jahren lebten hier der Schriftsteller Brendan Behan und der Dichter Patrick Kavanagh – und davor James Joyce. Als ich 1997 zum ersten Mal nach Dublin zog, mietete ich eine Wohnung in der Pembroke Road. Die Gegend kann etwas isoliert und teuer wirken, aber die offenen, grünen Straßen sind wunderbar zum Spazierengehen. Die Elgin Road ist eine meiner Lieblingsstraßen, besonders zu Halloween und Weihnachten. Schlendern Sie in Richtung Herbert Park, einer wunderschönen, ruhigen Grünanlage.

O'REILL
CATCH THE SIX NATIONS
IN O'REILLY'S
GUINNESS
GUINNESS
SIX NATIONS

56

RAGLAN ROAD

> On Raglan Road of an autumn day, I saw her first and knew ... a quiet street where old ghosts meet I see her walking away.
>
> Patrick Kavanagh

Schlendern Sie diese Straße entlang, um den Ort zu finden, auf den sich Patrick Kavanagh in seinem berühmten Gedicht über unerwiderte Liebe bezieht, das er 1944 für Hilda Moriarty schrieb. Der untröstliche Kavanagh schrieb »Raglan Road«, als die Beziehung scheiterte. Jahre später, 1966, präsentierte Kavanagh das Gedicht bei Pints und Whiskey seinem Freund Luke Kelly (Sänger der Dubliners) und fragte ihn, ob er es vortragen könne ... und das tat er. Er nahm es zwar erst 1971 offiziell auf, aber seine Interpretation wurde als eines der berühmtesten Lieder Irlands bekannt. Seitdem wurde es von anderen berühmten irischen Sängern gecovert, vor allem von Van Morrison. Während ich schreibe, höre ich Luke Kellys unverwechselbare Stimme, die vom Banjo begleitet wird und das Gedicht zu der Melodie von »The Dawning of the Day« singt.

Roly's Bistro: Das Roly's ist aus gutem Grund ein beliebtes Restaurant. Die klassischen irischen Gerichte sind köstlich und preisgünstig. Im vorderen Bereich finden Sie das Delikatessengeschäft. Vielleicht nehmen Sie einen Imbiss mit und machen sich auf den Weg zum Herbert Park oder Sie reihen sich in die Warteschlange des Restaurants ein (es scheint immer voll zu sein). In jedem Fall wird es bei Ihnen seine Spuren hinterlassen.

Crowes Pub: Ein historischer Pub mit enger Verbindung zum Rugby.

SANDYMOUNT VILLAGE

> Der Blick über die Bucht, auf die Wellen, die Küste und die Schiffe ist herzerfrischend und befreiend.
>
> Seamus Heaney, ehemaliger Bewohner von Sandymount.

Das charmante Küstendorf mit seinen eleganten Häusern und attraktiven unabhängigen Geschäften ist ein schöner Ort für einen Besuch. Der Weg entlang des Meeres mit Blick auf die Poolbeg Chimneys ist einer meiner Lieblingswege. Es ist ein wunderbarer Ort, um den Kopf frei zu bekommen, vor allem bei Ebbe. Der Ort liegt 3 km südlich des Stadtzentrums und wird vom Meer und der Eisenbahnlinie begrenzt.

Zwei der achtzehn Episoden von Joyces Epos *Ulysses* spielen am Strand von Sandymount. W. B. Yeats wurde hier geboren, und Seamus Heaney lebte hier viele Jahre lang.

Im Norden beginnt Sandymount dort, wo die Herbert Road auf die Newbridge Avenue trifft, und erstreckt sich über die Church Avenue entlang der Küste bis zu den Merrion Gates. Das Dorf sieht noch ziemlich genau so aus wie zu Beginn des zwanzigsten Jahrhunderts, hauptsächlich Wohnhäuser mit einer abwechslungsreichen Mischung aus georgianischen, edwardianischen und viktorianischen Häusern. Im Herzen des Dorfes befindet sich die dreieckige Grünanlage, umgeben von einer Auswahl an hervorragenden Restaurants, Cafés, kleinen Geschäften und Pubs.

Die Häuser an der Südseite des Grüns sind Teil des ehemaligen Sandymount Castle. Beginnen Sie Ihren Spaziergang im Dorf und lassen Sie sich verzaubern, bevor Sie sich auf den Weg zum Strand machen.

WICHTIGE ADRESSEN

Books on the Green: Ein kleiner unabhängiger Buchladen, der dem Dorf so viel Charme verleiht, mit einer großen Auswahl an handverlesenen Büchern.

Dunne & Crescenzi: Eine Filiale des netten italienischen Lokals, das köstliche Speisen in einem rustikalen, gemütlichen Ambiente serviert.

Cobbler's Wardrobe: Eine Boutique für gebrauchte Designerstücke im Besitz von Hollie Creedon.

Mulligans: Ein echter lokaler Pub, der für ein oder zwei Bierchen nach dem Match einen Besuch wert ist.

The Butler's Pantry: Das Angebot reicht von herzhaften Gerichten bis hin zu Suppen und Desserts und ist ideal für einen Snack vor dem Spaziergang oder zum Mitnehmen.

SANDYMOUNT STRAND

Der weite Blick von der Strand Road auf die ikonischen rot-weiß gestreiften Poolbeg Chimneys zur Linken und darüber hinaus auf Howth und im Süden auf Dún Laoghaire. Ganz gleich, ob Sie die 3 Kilometer lange Strecke bis zu den Merrion Gates oder die 5 Kilometer bis zum Poolbeg Lighthouse wandern, die Aussicht raubt Ihnen bei jedem Wetter den Atem.

CANAL BOAT
RESTAURANT
CADHLA

5.30pm

BOOTERSTOWN, MONKSTOWN, BLACKROCK UND DÚN LAOGHAIRE

EINE ANSAMMLUNG WUNDERSCHÖNER KÜSTENDÖRFER IM SÜDEN DUBLINS. ZUSAMMEN SIND SIE BERÜHMT FÜR IHREN AUTHENTISCHEN GEMEINSCHAFTSSINN – EIN BESUCH LOHNT SICH IN JEDEM FALL.

BOOTERSTOWN & BLACKROCK

MONKSTOWN & DÚN LAOGHAIRE

#prettycitydublin

BEAR MARKET COFFEE 19 Main St

LIATH RESTAURANT 19a Main St
BLACKROCK MARKET 19a Main St
AVOCA 11a Monkstown Cres

HADDINGTON HOUSE 9-12 Haddington Tce

GLEESONS OF BOOTERSTOWN
44 Booterstown Ave

BLACKROCK RARE BOOKS 19a Main St
SEAGREEN 6a 7a Monkstown Cres
BLACKROCK MARKET 19a Main St
ANDRÉ & VERONIKA'S ANTIQUES 12a Idrone Tce

GREENE'S FLORIST 103 Monkstown Rd

Booterstown Ave, Seafort Parade,
Dún Laoghaire East Pier, People's Park

PRETTY CITY
DUBLIN

BOOTERSTOWN

Booterstown liegt etwa 7 Kilometer südlich des Stadtzentrums und ist mit dem Zug (der DART) zu erreichen. Es ist ein verschlafenes Wohndorf, das im Norden an Merrion und im Süden an Blackrock grenzt und ein paar schöne Ecken hat. Für mich sind der Strand und die Aussicht auf die Poolbeg Chimneys die Hauptattraktion. Der Strand von Booterstown führt normalerweise mehr Wasser als der nahe gelegene Sandymount Strand. Egal, ob Sie von der Brücke am Bahnhof oder unten am Strand fotografieren, Sie werden begeistert sein. Beobachten Sie die vielen interessanten Vogelarten, die sich im Sumpfgebiet versammeln, genießen Sie die typischen Smokies und Guinness Pie von Gleeson's oder schlendern Sie die elegante Booterstown Avenue entlang.

BOOTERSTOWN MARSH, VOGELSCHUTZGEBIET UND NATURPFAD

Das Sumpfgebiet liegt in der South Dublin Bay und steht unter dem Schutz des EU-Umweltrechts. Sie können den Wanderweg nehmen, der am Parkplatz des DART-Bahnhofs beginnt und einen Aussichtspunkt umfasst, oder Sie können die Aussicht von der Fußgängerbrücke im Bahnhof aus genießen. Das Nebeneinander von Bahngleisen und Graffiti-Flecken und dem wunderschönen Naturschutzgebiet ist bemerkenswert. Vogelbeobachter können hier u. a. Eisvogel, Reiher, Stockente oder Rotschenkel entdecken.

BOOTERSTOWN AVENUE

Einst beherbergte sie eine Fülle von Geschäften, heute ist sie eher ein Wohngebiet. Es lohnt sich jedoch, hier entlangzuschlendern, um eine angenehme Mischung aus Wohnhäusern zu genießen. Auf dieser Strecke finden Sie auch zwei gemütliche Pubs, Gleeson's und The Old Punch Bowl.

GAZELLE

WILLIAMSTOWN MARTELLO TOWER

Einer der Standorte, die während der napoleonischen Ära (1803) für einen Martello-Turm ausgewählt wurden. Diese Türme waren Bestandteil einer Reihe von sechzehn Verteidigungsanlagen, die vom britischen Empire gebaut wurden. Dieser Turm befindet sich auf einer Rasenfläche, die von einem Küstenweg begrenzt wird und im Osten an die DART-Trasse grenzt. Man muss schon etwas kreativ sein, um ein gutes Foto von dieser Betonfestung zu machen, aber sie ist aus historischen Gründen erwähnenswert.

BLACKROCK

Nur einen kurzen und beschaulichen Spaziergang von Booterstown entfernt liegt Blackrock. Es ist ein weiteres hübsches Küstendorf mit einem echten Dorfcharakter, dank der vielen ausgezeichneten Cafés, Restaurants und Pubs, unabhängigen Geschäften, dem Wochenendmarkt und dem schönen Park.

WICHTIGE ADRESSEN

Blackrock Market: Mehr als dreißig Händler bieten hier das Beste aus irischen und internationalen Produkten an. Auf diesem lebhaften Markt finden Sie Bücher, Kleidung, Trödel, Antiquitäten und Cafés.

Bear Market Coffee: Dieses fabelhafte Café hat sich 2014 im Herzen des Dorfes Blackrock niedergelassen. Das architektonisch interessante gestaltete Lokal hat sich mit seinem köstlichen Kaffee, den süßen Leckereien, dem freundlichen Personal und dem Platz im Freien zu einem lokalen Favoriten entwickelt. Die Inneneinrichtung ist dank der fachkundigen Augen der Besitzer Ruth und Stephen Deasy und einer fantastischen Auswahl an üppigen Pflanzen atemberaubend.

Jack O'Rourke's: Ein familiengeführter, traditioneller Pub mit einer klassischen Speisekarte, die unter anderem Beef and Guinness Pie und Irish Stew umfasst.

Liath: Ein Restaurant mit Michelin-Stern auf der Hauptstraße.

Carysford Avenue: In dieser Straße wohnen überwiegend Einheimische, abgesehen von einer Ansammlung von Geschäften und Kneipen. Ein angenehmer Spaziergang, bei dem man die eleganten Doppelhaushälften aus der Gründerzeit bewundern kann.

A Slow Food
EXPERIENCE

Irish Masters

Blackrock Market

MONKSTOWN VILLAGE

Monkstown wurde im neunzehnten Jahrhundert gegründet, als die viktorianischen Pferdestraßenbahnen den Dienst in diesem Gebiet aufnahmen. Der Ausbau der Eisenbahnstrecke von Blackrock aus machte es damals zu einem beliebten Wohnort, und es ist auch heute noch eine wohlhabende und schöne Gegend. Die anmutigen Terrassen und Alleen, Dorfcafés, Restaurants und Geschäfte tragen zu der zeitlosen Atmosphäre und dem einzigartigen Charme dieses historischen Dorfes bei. Machen Sie sich auf den Weg dorthin, um die eleganten viktorianischen Plätze zu besichtigen oder einfach nur um in Seagreen zu bummeln. In Greene's Florist können Sie an den Rosen riechen, im Salt einen Happen essen oder im benachbarten Avoca Food Market einen Kaffee trinken und zum Meer hinunterschlendern.

WICHTIGE ADRESSEN

Monkstown Crescent: Eine Ansammlung von feinen Restaurants und Geschäften, die ihre Persönlichkeit bewahrt haben – perfekt, um einen Happen zu essen.

Avoca Food Market und Salt Restaurant: Das war schon immer einer meiner Favoriten. Mit seinen prächtigen Obst- und Gemüsekörben und Holzkisten ist er von außen nicht zu übersehen. Im Inneren ist er in zwei Bereiche unterteilt. Auf der linken Seite befindet sich der Lebensmittelmarkt mit Metzgerei, Grill und Feinkostladen. Auf der rechten Seite liegt das beliebte Sitzrestaurant Salt. Es ist immer voll, daher empfiehlt es sich, im Voraus zu reservieren, damit Sie Ihren Brunch inmitten des herrlichen Treibens genießen können. Dem Duft aus der Hühnerrotisserie Poulet Bonne Femme werden Sie nicht widerstehen können.

Seagreen: Ein wunderschöner Concept Store, wie man ihn in New York oder London erwarten würde. Ein absoluter Traum zum Stöbern und er hat alles, was ein Mode-Mekka haben sollte: klein genug, um sich intim zu fühlen, und groß genug, um das Beste von allem zu bieten. Zu seinem Angebot gehören Paige Jeans, Bella Freud, Bare by Vogue, Goutal Paris und Fornasetti. Die Schönheit liegt in den Details; die Umkleidekabinen sind wohl die ästhetischsten, die ich je gesehen habe, mit opulenten Vorhängen und Vintage-Tapeten. Eine Mischung aus Sézane und Liberty London.

Bresson: Ein relativ neues, aber gut bewertetes französisches Restaurant mit elegantem Interieur (weiße Tischwäsche und schöne Bodenfliesen), das klassische französische Gerichte serviert.

Greene's Florist: Ein kleiner, charmanter Blumenladen mit einer Fassade wie aus dem Bilderbuch.

Die schönsten Wohnstraßen sind die Montpellier Parade sowie die Eaton und Belgrave Squares.

SALT
11A THE CRESCENT
MONKSTOWN
Co DUBLIN

AVOCA
COURTYARD
WELCOME TO
THE COURTYARD
WE ARE OPEN
MON-FRI 8-4pm
SAT-SUN 8:30-5pm

Greenes Florist
No2moro
Fashion
Greenes Florist
Ph. 01-2805558

DÚN LAOGHAIRE

> So I jumped on a bus to Dun Laoghaire stoppin' off to pick up my guitar ...
>
> Bagatelle – »Summer in Dublin«

13 km vom Stadtzentrum entfernt, an der Südseite von Dublin, liegt diese elegante Hafenstadt. Die ikonischen Ost- und Westpiers des Hafens sind berühmte lokale Wahrzeichen, und das Meer steht im Mittelpunkt der Anziehungskraft dieses Viertels. Die glitzernde Bucht ist die Hauptattraktion.

EAST PIER

Einheimische und Touristen strömen bei jedem Wetter hierher, um die Seeluft und den kilometerlangen Spaziergang zu genießen. Holen Sie sich ein Eis von Teddy's und spazieren Sie den gesamten Pier entlang, vorbei an der schönen viktorianischen Kapelle und einer Gruppe von Fischerbooten und Jachten.

PEOPLE'S PARK MARKET

Der People's Park ist ein wunderschöner öffentlicher Platz im viktorianischen Stil, dessen Geschichte sich in den geschmackvollen schmiedeeisernen Zäunen widerspiegelt. Am besten besuchen Sie ihn an einem Sonntag während des Kunsthandwerks- und Lebensmittelmarkts (von 11 bis 16 Uhr). Holen Sie sich das hausgemachte Brot und die Falafel, aber bleiben Sie auch, um die authentische Atmosphäre zu genießen. Bringen Sie eine Picknickdecke mit und saugen Sie die lebhafte Marktatmosphäre auf. Besuchen Sie unbedingt Man of Arran Fudge und die Trüffelfee.

Im Park befindet sich auch das beliebte irische Restaurant Fallon & Byrne's, das in einem bezaubernden viktorianischen Pavillon untergebracht ist. Das gewölbte Glasdach und die Glasfassade verleihen dem lichtdurchfluteten Raum ein offenes, luftiges Gefühl. Der Außenbereich besteht aus einer herrlichen Steinterrasse mit spektakulärem Blick auf den Park. Auf der Speisekarte stehen klassische Meeresfrüchte- und Fleischgerichte: Probieren Sie die Blutwurst aus Clonakilty oder die Austern aus dem Carlingford Lough.

HADDINGTON HOUSE HOTEL AND GARDEN

Dieses warme und einladende Hotel besteht aus einer schönen Sammlung von eleganten viktorianischen Stadthäusern mit Blick auf das Meer und den geschäftigen Hafen. Es scheint ständig renoviert zu werden (die Zimmer wirken immer noch ziemlich veraltet), aber das kann man angesichts des freundlichen Service, des Hafen- und Meerblicks und der einzigartigen Außenterrasse verzeihen. Vor Ort finden Sie auch das Oliveto, ein elegantes italienisches Restaurant, und eine Terrasse, von der aus Sie die Sehenswürdigkeiten und köstliche Speisen genießen können.

HARTLEY'S BRASSERIE

Das Hotel befindet sich im historischen Bahnhofsgebäude der ersten Pendlerbahn der Welt. Eine schöne Terrasse bietet bei gutem Wetter eine herrliche Aussicht.

ITCHEN
COFFEE
COFFEE

Council Chamber

Ardeen House
TEDDY'S Ice-Cream
TEDDY'S
Ice-Cream
HOME OF THE 99
Tea / Coffee
Milk Shakes / Soft Drinks
Available to Hire
HOME OF 99

TEDDY'S
ICE CREAM BAR

TO GARDEN

GLASTHULE, SANDYCOVE, DALKEY UND KILLINEY

WUNDERSCHÖNE KÜSTENDÖRFER, WOHL DAS WOHLHABENDSTE VIERTEL DUBLINS

GLASTHULE & SANDYCOVE

DALKEY & KILLINEY

#prettycitydublin

HATCH COFFEE 4 Glasthue Rd
COUNTRY BAKE 35 Castle St

WILTON GALLERY 55 Glasthue Rd

THE GUTTER BOOKSHOP 20 Railway Rd

QUEEN'S PUB 12 Castle St
FINNEGAN'S OF DALKEY 1 Sorrento Rd

MITCHELL'S WINE BAR 54 Glasthue Rd
CAVISTONS FOOD EMPORIUM 58/59 Galthue Rd

UNIQUE FLOWERS & INTERIORS 42 Castle St

Martello Tower, Forty Foot Baths, Bullock Harbour, Castle St, Sorrento Terrace, Coliemore Harbour, Vico Road, Killiney Beach

PRETTY CITY DUBLIN

5

GLASTHULE UND SANDYCOVE

Für mich verschmelzen diese beiden Stadtteile zu einem, deshalb fasse ich sie der Einfachheit halber zusammen. Glasthule grenzt an Sandycove und Dún Laoghaire, während Sandycove im Süden an Dún Laoghaire anschließt. Glasthule ist ein malerisches Dorf mit authentischem Charme, das durch seine Nähe zum Meer und zur DART und die attraktiven historischen Häuser zu einem wohlhabenden Vorort von Dublin geworden ist. Der schöne Strand, die historischen Verbindungen (vor allem der James Joyce Tower und das Museum) und Kunsthandwerksläden machen den Ort zu einem Muss.

Sie können den Küstenweg von Dún Laoghaire aus nehmen oder den direkten Weg zur DART-Station Sandycove/Glasthule. In beiden Fällen werden Sie eine wahre Augenweide erleben. Ich empfehle Ihnen beides, damit Sie die vielen Kleinode nicht verpassen.

SEAFRONT

Machen Sie sich auf den Weg, um die Aussicht bei Sonnenuntergang oder Sonnenaufgang zu genießen, und laufen Sie die Strecke entlang der Scotsman Bay. Wenn Sie das Ende dieses Abschnitts erreichen, werfen Sie einen Blick auf die berühmten Poolbeg Chimneys

The Forty Foot Baths: Sie wurden in *Ulysses* verewigt (der erste Teil des epischen Romans endet damit, dass Buck Mulligan dort ein Bad nimmt und in diese »skrotumzusammenziehende See« stürzt). Bis ins zwanzigste Jahrhundert war dieser Ort nur für Herren reserviert. Auch heute noch lieben ihn viele mutige Einheimische, die gerne schwimmen oder auch nur kurz eintauchen, um dann triumphierend wieder aufzutauchen, weil sie wissen, dass sie es geschafft haben. Zu Weihnachten versammeln sich jedes Jahr Horden von Menschen, um für einen guten Zweck ins Meer zu springen.

The James Joyce Museum: Das Museum im Martello Tower ist ganzjährig geöffnet und der Eintritt ist frei. Ich empfehle einen Besuch, um nicht nur eine dieser Verteidigungsanlagen zu betreten, sondern auch um eines der berühmtesten Gebäude der irischen Literaturgeschichte zu sehen. Besonders interessant ist es während des Bloomsday Festivals am 16. Juni.

Sandycove Beach: Sie ist sauber und schön - und bei jedem Wetter einen Besuch wert. Egal, ob Sie sich dem kleinen Strand von Dún Laoghaire oder dem Dorf Glasthule aus nähern, Sie werden beeindruckt sein. Tauchen Sie Ihre Füße ein und genießen Sie die ruhige Atmosphäre.

Cavistons: Ein Lebensmittel-Emporium mit Delikatessen-, Fisch-, Geflügel- und Wildtheken und einem prächtigen Gemüseladen. Außerdem gibt es hier ein einfaches, aber ausgezeichnetes Fischrestaurant. Diese familiengeführte Institution genießt seit Langem einen guten Ruf, und obwohl sie ein wenig renovierungsbedürftig ist (vor allem der Laden), gefällt sie mir immer noch sehr gut.

Hatch Coffee, Halo und Juggy's Well: Eine Ansammlung hübscher Fassaden mit zwei netten Lokalen und einem entzückenden Juwelier (Halo). Der Kaffee von Hatch ist mit Abstand der beste im Dorf – auch wenn Sie vielleicht lieber die Malteser Hot Chocolate probieren sollten. Juggy's Well ist ein familiengeführtes Café, das bei den Einheimischen sehr beliebt ist.

Mitchell's Wine Bar: Diese Weinbar geht auf das Jahr 1805 zurück, als die Damen in ihrem Tearoom in der Grafton Street noch Portwein aus einer Teetasse tranken. Sie ist noch immer im Besitz derselben Familie. Die auffällige Fassade mit ihren Markisen ist es wert, festgehalten zu werden.

Wilton Gallery: Diese Galerie, die eine schöne Sammlung irischer Kunst zeigt, liegt gleich nebenan.

Glennon Chemist: Das Geschäft ist vor allem wegen seines bezaubernden Schaufensters sehenswert.

B. Sc.(Pharm.) MPSI
CAVISTO
Bio-Kult
Pro-Cyan

WOHNVIERTEL

Die meisten der kleinen Straßen in dieser Gegend sind wunderschön, aber die Sandycove Road, die Sandycove Avenues (Ost und West) und die Burdett Avenue sind besonders erwähnenswert. James Joyce könnte während seines kurzen Aufenthalts von fünf Nächten im Martello-Turm im Jahr 1904 regelmäßig durch eine dieser Straßen geschlurft sein.

BULLOCK HARBOUR

Folgen Sie der Sandycove Road nach Bullock Harbour, einem malerischen Hafen mit atemberaubendem Meerblick, farbenfrohen Häusern und einer Fülle von Fotomotiven.

€30
3 for €10
JARDIN

DALKEY UND KILLINEY

> Ich lebte auf einer Anhöhe mit der schönsten Aussicht der Welt – ich brauchte nur die Augen zu öffnen, um Bilder zu sehen, die kein Maler für mich malen konnte.
>
> George Bernard Shaw über Torca Cottage auf dem Dalkey Hill, wo er mit seiner Familie von 1866 bis 1874 lebte.

Weiter entlang der Bucht stoßen Sie auf die hübschen Küstendörfer Dalkey und Killiney, die zusammen den reichsten Vorort Dublins bilden. Killiney Hill und Dalkey Hill sind Teil des Killiney Hill Park, eines kleinen öffentlichen Parks hoch über der Irischen See mit weitem Blick auf die Stadt und die Wicklow Mountains. An einem klaren Tag können Sie die walisischen Berge sehen.

Wenn Sie sich dem Dorf Dalkey von Sandycove aus nähern, passieren Sie auf der Hauptstraße zwei mittelalterliche Burgen. Sie wurden gebaut, um die in Dalkey ausgeladenen Waren zu lagern. Links liegt Dalkey Castle, das heute als Kulturerbezentrum (eröffnet 1998, ein paar Jahre nachdem Dalkey offiziell den Titel Heritage Town erhalten hatte) und als Rathaus dient. Es beherbergt auch eine Writers' Gallery. Hier finden Sie Samuel Beckett, Bernard Shaw, Hugh Leonard, Flann O'Brien und Maeve Binchy, einige der irischen Elite-Literaten.

Dalkey hat zurecht mit seiner Mischung aus dörflichem Charme und erhabener Küstenlage über die Jahre hinweg Schriftsteller inspiriert. Seine beliebteste Einwohnerin, Maeve Binchy, beschrieb es so:

> [eine] kleine Stadt mit zwei zauberhaften Häfen, mit Hügeln und Ausblicken, die ihresgleichen suchen ... Ich habe Mitleid mit all denen, die für einen Tag oder einen kurzen Besuch hierher kommen. Sie spüren, dass es ein großartiger Ort zum Leben wäre.

Hinter der Burg befinden Sie sich im Herzen des schönen Dorfes, mit vielen Kunsthandwerksläden, fabelhaften Restaurants (von zwanglos bis fein), traditionellen Pubs, einem Blumenladen, Metzgern und Bäckern. Das Einzige, was fehlt, ist ein Kerzenzieher. Nehmen Sie sich ein paar Stunden Zeit, um sich umzuschauen.

Queen's
Est. 1745
Queens
THE

Blooming Walls

CALOR

Flowers and Interiors
The Dalkey Lobster Festival

Sorrento
Finnegan's

WICHTIGE ADRESSEN

Country Bake: Diese traditionelle irische Bäckerei ist mein persönlicher Favorit, vollgestopft mit den besten irischen Apfeltörtchen, Scones, frischem Sodabrot, Teegebäck und einem fabelhaften Frühstücks- und Mittagsmenü mit einfachen, süßen Speisen.

Finnegans: Dies ist einer meiner Lieblingspubs. Er stammt aus dem Jahr 1868 und weist noch viele seiner schönen viktorianischen Merkmale auf: Die Fassade und die hölzerne Bar sind noch intakt und beeindruckend anzusehen.

Gutter Bookshop: The Gutter Bookshop in Dalkey (parallel zum Laden in Temple Bar) hat seinen Namen von Oscar Wilde: »We are all in the gutter, but some of us are looking at the stars.« (»Wir sind alle in der Gosse, aber einige von uns sehen die Sterne.«) Schauen Sie rein und stöbern Sie in der liebevoll zusammengestellten Auswahl an Büchern, und gehen Sie hinaus, um den malerischen Charme des Ladens aus jedem Blickwinkel einzufangen.

The Queen's Pub: Das Queen's ist ein optisch sehr ansprechendes Restaurant und eine Bar aus dem achtzehnten Jahrhundert, die sowohl bei Einheimischen als auch bei Touristen beliebt ist. In den wärmeren Monaten sollten Sie sich einen Tisch im Freien sichern und ein Glas Wein oder ein Pint Guinness mit Muscheln und Schwarzbrot genießen; in den kälteren Monaten ist es drinnen vor dem gemütlichen Kamin genauso schön.

Mugs Café: Ein charmantes und gemütliches Café, das in zwei Bereiche unterteilt ist. Das Café auf der linken Seite verfügt über Sitzplätze im Freien. Der Kaffee ist großartig, aber für mich ist der céad míle fáilte (der traditionelle gälische Willkommensgruß »Hunderttausend Willkommen!«) das Besondere.

The Guinea Pig: Das Guinea Pig ist Dalkeys fantastisches Fischrestaurant.

Finnegan's
Sorento
Finnegan's

COLIEMORE HARBOUR, DALKEY ISLAND

Hugh Leonard schrieb in einem Artikel in der New York Times: »Die Coliemore Road windet sich hinunter zum Hafen und bietet einen spektakulären Blick auf Dalkey Island. Von hier aus kann man mit dem Boot nach Dalkey Island fahren, einer kleinen, unbewohnten Insel (mit Ausnahme einiger Ziegen). Die Insel war jahrhundertelang ein wichtiger Wallfahrtsort und beherbergt noch immer eine Geschützbatterie und den Martello-Turm. Der fotogene Hafen ist bei Fischern sehr beliebt und ist natürlich ein Paradies für Fotografen.«

DILLON'S PARK UND SORRENTO PARK

Sie finden diese beiden schönen Parks gleich hinter Coliemore Harbour. Machen Sie ein Picknick im Dillon's Park und schauen Sie auf Dalkey Island und darüber hinaus. Oder steigen Sie die bescheidenen Stufen zum Sorrento Park hinauf und genießen Sie die Aussicht auf die Sorrento Terrace, Dalkey Island und die Berge von Wales und die Sugar Loaves.

VICO ROAD UND WHITE ROCK

Gehen Sie vom Sorrento Park zurück zur Coliemore Road und folgen Sie der Straße bis zur Sorrento Terrace. Halten Sie an, um Irlands prestigeträchtigste Terrasse zu bewundern, eine fast kitschige Reihe von Regency-Häusern. Biegen Sie die erste Straße nach der Sorrento Terrace links ab, um zur Vico Road zu gelangen.

Folgen Sie dem Rand der Bucht und erklimmen Sie den Hügel entlang der herrlichen Vico Road, und Sie können sich leicht vorstellen, warum diese Strecke so viel Aufsehen erregt. Wenn Sie den als Cats Ladder bekannten Weg hinauf zur Torca Road nehmen, kommen Sie möglicherweise an Torca Cottage vorbei, dem Elternhaus von George Bernard Shaw. Alternativ können Sie von der Spitze des Killiney Hill aus, wenn Sie den schönen Obelisken (erbaut 1741) erreichen, die herrliche Aussicht auf Dublins Antwort auf den Golf von Neapel genießen (daher hat diese Gegend so viele mediterran klingende Namen). Von hier aus haben Sie einen Blick auf den Sugar Loaf Mountain, die Wicklow Mountains und Dalkey Island. Ich mag den Blick auf die Sorrento Terrace und die dahinter liegende Insel am liebsten.

Gehen Sie bergab in Richtung Victoria Park Gates, wo Sie auf der anderen Straßenseite im Druid's Chair einen Kaffee oder etwas Kräftigeres zu sich nehmen können. Nach der Stärkung biegen Sie rechts ab, und es geht wieder bergab in Richtung Vico Road. Entscheiden Sie sich dieses Mal für die rechte Abzweigung, die Sie auf einem schönen Spaziergang zurück zur Killiney DART Station bringt.

SuperValu
SuperValu

DALKEY
PHARMACY

€20

ROCKBROOK
COTTAGE

HOWTH, CLONTARF UND MALAHIDE

MITTELALTERLICHE BURGEN, FISCHERDÖRFER UND SCHÖNE KÜSTENPFADE

#prettycitydublin

THE DOGHOUSE BLUE'S Howth Rd
EBB & FLOW 56 Clontarf Rd

BESHOFF BROS 12 Harbour Rd
AQUA 1 W Pier
THE BRASS MONKEY 12 W Pier
THE OAR HOUSE 13 W Pier

THE BLOODY STREAM Howth Railway Station
HARRY BYRNES Howth Rd

HOWTH MARKET 3a Harbour Rd
SURROUND 3 Main St

Howth Harbour, Howth Cliff Park,
Martello Tower,Howth Castle,
Saint Annes Park, Dollymount Strand

PRETTY CITY
DUBLIN

Wenn Sie das Stadtzentrum verlassen und der DART in Richtung Norden folgen, finden Sie drei weitere idyllische Küstendörfer, die im krassen Gegensatz zum geschäftigen Treiben der Stadt stehen. Howth ist ein malerisches Fischerdorf, das bei Touristen und Einheimischen wegen seiner pittoresken Aussichten, seines dörflichen Charmes und seiner schönen Leuchttürme beliebt ist. Malahide ist zweifelsohne eine der schönsten Küstengemeinden Dublins. Besuchen Sie Malahide Castle und die umliegenden botanischen Gärten, gehen Sie am Howth Pier spazieren oder wandern Sie auf dem Klippenpfad. Holen Sie sich Fish and Chips bei Beshoff Bros und sehen Sie zu, wie die Sonne über dem Yachthafen untergeht, oder setzen Sie sich in einem der vielen traditionellen Pubs ans Feuer.

LiLY Tom III
D720

HOWTH

Howth erreicht man am besten mit dem Schiff von Dún Laoghaire aus mit Dublin Bay Cruises oder in den verkehrsarmen Zeiten einfach mit der DART vom Stadtzentrum aus.

WICHTIGE ADRESSEN

Octopussy Howth: Das am West Pier gelegene Restaurant serviert eine Auswahl an Meeresfrüchte-Tapas und bietet einen Blick aufs Meer. Hier sind Sie richtig, wenn Sie Austern, Krabben, Tintenfisch usw. essen möchten.

The Oar House: Ein hervorragendes Fischrestaurant, das in einem alten Fischerhaus am Pier untergebracht ist.

Beshoffs the Market: Der original Fischhändler von Howth Pier hat sich im Laufe der Jahre zu einem stilvollen Markt mit Fischgeschäft, Delikatessenladen und Austernbar entwickelt. Ein Stück weiter, in der Harbour Road, finden Sie das Angebot zum Mitnehmen.

Howth Farmers Market: Der Markt findet jedes Wochenende im Herzen des Dorfes statt und wirbt für lokale Produkte und irisches Design. An der Vorderseite befinden sich fünf feste Läden, die an den meisten Tagen geöffnet sind, sowie eine Reihe wechselnder Stände mit einer Auswahl an frischen Lebensmitteln, handwerklichen Produkten und Geschenken.

Howth Castle: Die Burganlage liegt westlich der Stadt und stammt aus der Zeit der Normannen. Die Burg selbst kann nicht besichtigt werden, aber man hat Zugang zu den Außenanlagen, die im Mai und Juni besonders attraktiv sind. James Joyces Roman *Finnegan's Wake* spielt hier.

Ye Olde Hurdy Gurdy Museum of Vintage Radio: Dieses Museum ist in einem Martello-Turm in Howth untergebracht, im Inneren eine wahre Fundgrube alter Radios, Grammofone und Fernsehgeräte.

MALAHIDE

BURG

Ein Besuch von Malahide Castle and Gardens mit einem Spaziergang durch das Dorf Malahide ist perfekt für einen Tagesausflug. Genießen Sie einen Spaziergang über das Gelände des herrlichen Anwesens, suchen Sie sich Ihren Lieblingsblick auf das Schloss, besichtigen Sie die Ruinen von Malahide Abbey oder stöbern Sie im Avoca-Laden und auf dem Markt im Innenhof. Gegen eine geringe Gebühr können Sie an einer Führung teilnehmen, die auch den Zugang zum West Lawn, dem Walled Botanical Garden und dem Butterfly House umfasst.

DORF

Lassen Sie Malahide Castle hinter sich und überqueren Sie die bucklige Eisenbahnbrücke, um das Dorf Malahide zu erreichen. Der hohe Turm der St. Sylvester's Church dominiert den ersten Blick. Das malerische mittelalterliche Küstenstädtchen hat viel zu bieten: herrliche Blumenampeln, traditionelle Schaufenster, Meerblick und kopfsteingepflasterte Seitenstraßen.

MARINA

Der große Jachthafen von Malahide ist über die gewundene Promenade zu erreichen, die am Dorfanger beginnt.

WICHTIGE ADRESSEN

Duffy's: Die elegante Außenterrasse ist der ideale Ort (natürlich nur in den wärmeren Monaten).

Gibney's: In den Wintermonaten ist das Gibney's mit seinen gemütlichen Ecken und Winkeln der perfekte Ort für Live-Musik.

Manor Books: Diese nette und freundliche unabhängige Buchhandlung bietet eine gute Auswahl an Büchern, Karten und Geschenken.

Really Old Sweet Shop: Ein altertümlicher Süßwaren- und Eisladen.

·Loretto·

Tel:
8453666

CLONTARF

Clontarf ist ein wunderschöner Küstenvorort im Norden Irlands mit Blick auf Bull Island. 1014 war es Schauplatz einer historischen Schlacht, als die irischen Truppen von Brian Boru die Wikinger besiegten und der nordischen Macht in Irland endgültig ein Ende bereiteten. Das Fischerdorf, das vor allem für seine Austernbänke bekannt ist, war jahrelang einer der ersten Badeorte Dublins und blieb es bis zum 19. Jahrhundert, als es bei den wohlhabenden Bürgern beliebt wurde, die dem Trubel der Stadt entfliehen wollten. Es entstanden schöne Ferienhäuser, und die Promenade wurde zu einem beliebten Ort für einen Spaziergang am Meer. Diese Beliebtheit ist bis heute ungebrochen.

Die Strandpromenade und der Dollymount Beach sind nicht nur bei Einheimischen, sondern auch bei Besuchern sehr beliebt.

ST ANNE'S PARK

Eine wunderschöne Oase, um der Hektik der Stadt zu entfliehen, prächtig im Frühling und Sommer. Der Rosengarten wurde 1975 eröffnet und genießt seither hohes Ansehen. Wenn Sie das Glück haben, den Garten im Sommer, insbesondere im Juli, zu besuchen, erleben Sie das alljährliche Rosengartenfestival – ein außergewöhnlicher Tag für Familien. Der ummauerte Garten umfasst eine 12 Hektar große Gärtnerei und einen Staudengarten. Der Garten verfügt auch über einen eleganten Uhrenturm. Die Red Stables beherbergen ein Kunstzentrum, ein malerisches kleines Café und Kunsthandwerksmärkte (zu bestimmten Zeiten).

BULL ISLAND

Bull Island entstand vor 200 Jahren durch den Bau der North Bull Wall für den Hafen von Dublin. Dank ihres Status als Naturschutzgebiet ist sie ein Paradies für Vogelbeobachter und ein sehr beliebter Spaziergang (der Zugang erfolgt über eine Fußgängerbrücke vom North Bull Wall).

TEIL III

DIE JAHRESZEITEN IN DUBLIN, WIE ES KEINER KENNT

FRÜHLING

Die meisten Menschen sehnen sich nach dem Sommer in Dublin, aber auch der Frühling kann eine aufregende Zeit für einen Besuch sein. Ein Besuch zu Beginn des Jahres bedeutet weniger Menschenmassen, ungestörte Aussichten und Ruhe. Obwohl es das ganze Jahr über regnen kann, ist das Wetter in Dublin im Frühling meist angenehm. In den grünen Stadtvierteln wie Ranelagh und Ballsbridge blühen die Blumen, und die Menschen sitzen mehr im Freien.

Im März wird der St. Patrick's Day gefeiert, ein großartiges Fest zu Ehren des Nationalhelden. Genießen Sie die St.-Patrick's-Day-Parade im Stadtzentrum, oder wenn Menschenmassen nicht Ihr Ding sind, können Sie in den meisten Pubs der Hauptstadt mitfeiern.

Bloom in the Park (Ende Mai oder Anfang Juni) ist die irische Antwort auf die Chelsea Flower Show mit Gartengestaltung, Blumenausstellungen, einem Essenspavillon und Kunsthandwerkerständen.

Erkunden Sie Dublins grünste Viertel, um zu sehen, wie die rosa Blütenpracht explodiert. Die Stadtteile Portobello, Ballsbridge und Ranelagh erstrahlen zu dieser Jahreszeit in rosafarbener Blüte.

Besuchen Sie eine der Grünanlagen Dublins, um diese Jahreszeit zu genießen. Der Herbert Park in Ballsbridge ist zu dieser Saison besonders schön. Oder spazieren Sie am Dún Laoghaire East Pier mit einem Eis von Teddy's.

21 · PAL
BAR · 21
THE PAL
ACE
BAR
UPSTAIRS
DUBLIN'S
PREMIER
WHISKEY BAR
VENICE

SOMMER

Die Monate Juni, Juli und August sind der Höhepunkt im Festivalkalender der Hauptstadt. Es ist die geschäftigste Zeit des Jahres in Dublin. Leider ist das Wetter nicht immer so, wie man es für diese Jahreszeit erwarten würde, und an beliebten Orten kann es sehr voll werden. Dennoch ist es eine besondere Zeit für einen Besuch. Buchen Sie ein Ticket für das Taste of Ireland Food Festival in den Iveagh Gardens (Juni); Gartenliebhaber können das Bloom Festival (Anfang Juni) im Phoenix Park oder das Rose Festival im St Anne's Park besuchen. Genießen Sie ein Picknick in einer der Grünanlagen der Stadt, die Atmosphäre in St Stephen's Green oder die ruhigeren Iveagh Gardens.

BLOOMSDAY-FEIERN

Vorträge, Spaziergänge, Aufführungen und Kneipentouren finden statt, um James Joyces *Ulysses* zu feiern. Der Tag ist nach dem Protagonisten des Romans benannt, der die Geschichten von Leopold Bloom und einer Vielzahl anderer Figuren erzählt, und findet am 16. Juni statt.

OPEN-AIR-KINO

Schnappen Sie sich die Picknickdecke und lassen Sie sich am Merrion Square zum Freilicht-Kino nieder. Im Sommer immer donnerstags.

VISUAL PUB CRAWL

Schnappen Sie sich Ihre Kamera und besuchen Sie Dublins schönste Kneipen, in denen Blumen aus ihren hängenden Körben sprießen, Freunde versammelt sind oder Fremde vorbeilaufen, die allesamt spannende Szenen schaffen und förmlich darauf warten, fotografiert zu werden.

M. J. O'Neill's, Kehoe's und Brazen Head sind meine Lieblingspubs zu dieser Jahreszeit.

BESUCHEN SIE EINZIGARTIGE KÜSTENORTE

Ob Norden oder Süden - egal wie. Nehmen Sie sich einen ganzen Tag oder mehr Zeit. Alle Dörfer sind mit dem DART (dem Dubliner Zug, der von Bray bis Howth dem Meer entlang fährt) zu erreichen. Selbst wenn Sie nicht aus dem Zug steigen, werden Sie mit den schönsten Aussichten verwöhnt, die Dublin zu bieten hat.

Bei einem Spaziergang am Sandymount oder Sutton Strand können Sie den Kopf frei bekommen. Erklimmen Sie den Killiney Hill und genießen Sie die herrliche Aussicht. Nehmen Sie ein Boot von Dún Laoghaire nach Howth oder nach Dalkey Island. Besuchen Sie die 40 Hektar großen Botanischen Gärten in Glasnevin, die kostenlos zu betreten sind (3 km vom Stadtzentrum entfernt).

Die Dublin Horse Show (August) auf der RDS Ballsbridge ist einer der Höhepunkte im Sportkalender des Sommers und wird von vielen Menschen besucht.

Menu
GUINNESS
Wines Spirits
BAR

THE GEORGE

SUSSEX
RESTAURANT
OPEN UPSTAIRS
12PM TO LATE
(01) 538 8100
www.thesussex.ie
SELECT BAR

3

HERBST

Es ist kein Geheimnis, dass das beste Wetter in Irland im Herbst herrscht. Die langen, nassen Tage im August gehen zu Ende und die Temperaturen beginnen zu steigen. Das Laub färbt sich von Grün zu Rot und die Bäume von Grün zu Gold. Schnappen Sie sich einen Pullover und einen Regenschirm und lassen Sie sich von der Hauptstadt zu dieser Jahreszeit verzaubern. Genießen Sie den Wechsel der Jahreszeiten auf dem St Stephen's Green oder dem Merrion Square.

Die Dubliner feiern gerne Halloween. Machen Sie einen Spaziergang durch die Wohnviertel, um die Dekorationen zu bewundern. Die Booterstown Avenue, Ballsbridge und Ranelagh sind besonders sehenswert.

Spazieren Sie durch das Herz des georgianischen Dublins (Merrion Square und Fitzwilliam), um zu sehen, wie sich der grüne Efeu rot färbt, oder suchen Sie sich einen gemütlichen Pub mit traditioneller Musik.

BOSTON COLLEGE

31
WELLINGTON
PLACE

SEINE
CAFE en SEINE

64
66
66

THYME OUT
Country Bake
35

Tis your bright and tiny spark
Lights the traveller in the dark
Though I know not what you are
Twinkle Twinkle little star

42

WINTER

Nach den Menschenmassen im Sommer und im Herbst versprüht Dublin im Winter, insbesondere im Dezember, einen ganz anderen Charme. Pantos, die weihnachtlichen Theaterstücke, glitzernde Lichterketten und ein weihnachtlicher Einkaufstrubel machen den Reiz aus. Genießen Sie die festliche Dekoration im Herzen der Stadt. Die Dekorationen im St. Stephen's Green Shopping Centre, in der Grafton Street und im Powerscourt Townhouse sind alle einen Besuch wert. Die Schaufensterdekoration bei Brown Thomas in der Grafton Street ist eine Augenweide.

Buchen Sie ein Ticket für das Panto im Gaiety Theatre. Besuchen Sie die lebende Tierkrippe und den magischen Weihnachtsbaum vor dem Mansion House in der Dawson Street; erkunden Sie die schönsten Wohnviertel von Ballsbridge, Sandymount oder Ranelagh und entdecken Sie, wie die Bewohner ihre Haustüren zu dieser Jahreszeit schmücken.

Oder Sie ziehen Ihren Sonntagsanzug an, schnappen sich Hut und Mantel und machen sich auf den Weg zu den Rennen auf dem Leopardstown Racecourse. Dieses viertägige Meeting beginnt am St. Stephen's Day (26. Dezember) und ist das größte in Irland. Keine Sorge, wenn Pferderennen nicht Ihr Ding sind – Sie können auch einfach das Publikum bestaunen.

MERRION

The Ginger Man
CHRISTMAS CHEER
AT THE GINGER MAN

Melbourne Lodge

Cuan Bhlóic
ULLOCK HARBOUR
Coille Móire
IORE HARBOUR
Leabharlann Phoiblí
LIC LIBRARY

Todays Filters
- THE BARN -
- UNDERDOG -
CLIMPSON &SONS

TEIL IV

BUCKET LIST FÜR DUBLIN, WIE ES KEINER KENNT

> Ein Besucher, der zum ersten Mal in Dublin ankommt, wird vom Book of Kells zu den Mumien in der St. Michan's Vault stürmen, dann zu den Seen von Killarney fahren und einen Kuss auf den Blarney Stone geben, bevor er durch Connemara tobt und beim mittelalterlichen Bankett in Bunratty endet.
>
> Hugh Leonard in der *New York Times*

Es stimmt, dass Besucher oft einen Besuch in Dublin an den Anfang ihrer Kurzreise nach Irland stellen. Meiner Meinung nach sollte man sich viel mehr Zeit für Dublin nehmen als die zwei oder drei Tage, die es normalerweise dauert. Zur Orientierung habe ich eine Liste zusammengestellt, die Sie abhaken können.

VERBINDUNGEN ZUR LITERATUR

Suchen Sie einige oder alle der schönsten Buchläden Dublins auf. In Dublin gibt es eine ganze Reihe unabhängiger Buchläden, die über die ganze Stadt verteilt sind. Wenn man einen von ihnen betritt, fühlt man sich wie in eine andere Zeit zurückversetzt. Es sind warme und einladende Räume mit sachkundigem Personal und übervollen Regalen. Ihre Fassaden ziehen einen in ihren Bann und ihre Auswahl sorgt dafür, dass man gerne verweilt. Hier sind meine Favoriten:

Hodges Figgis in der Dawson Street
Book Upstairs in der D'Olier Street
Ulysses Rare Books in der Duke Street
Stokes in der George's Street Arcade
The Winding Stair in der Lower Ormond Quay
Marrowbone Books im Herzen des historischen Liberties
The Company of Books in Ranelagh
The Gutter Bookshop in der Cow's Lane und der Railway Road, Dalkey

Nehmen Sie an einer organisierten literarischen Tour teil oder führen Sie sich selbst durch das literarische Dublin. Wenn Sie während des Bloomsday-Festivals im Juni dort sind, können Sie eine der vielen Feierlichkeiten in der Stadt besuchen. Weitere Informationen finden Sie unter www.bloomsdayfestival.ie. Aber keine Sorge, Sie können die Stadt auch auf eigene Faust erkunden.

PUBS

Machen Sie einen Rundgang durch Dublins Pubs. Joyce sagte einmal, ein »gutes Rätsel wäre es, Dublin zu durchqueren, ohne an einem Pub vorbeizukommen«. Alle Pubs sind unterschiedlich – einige sind von außen schöner als innen, andere sind innen und außen schön.

MIT LITERARISCHEN VERBINDUNGEN

McDaid's in der Chatham (lokaler Pub von Brendan Behan)
Davy Byrnes, **The Duke** und **The Bailey** in der Duke Street

GEMÜTLICHKEIT

Toners in der Baggot Street Lower
Doheny & Nesbitt in der Baggot Street Lower
The Palace Bar in der Fleet Street

TRADITIONELLE IRISCHE MUSIK

Donoghue's in der Merrion Row
Devitt's in der Camden Street Lower

SUCRE
AUTHENTIQUE
CAFÉ
DE
PARIS
Chablis
Chablis
POUILLY-FUMÉ
CACAO
FÉLIX
POTIN
METROPOLITAIN

TRINITY TOWNHOUSE
29
TRINITY TOWNHOUS
HOTEL DUBLIN

"I'M ON THE RIGHT TRACK."

MÄRKTE, CAFES UND LÄDEN

Märkte können zweifellos eine große Bereicherung für die Gemeinschaft sein. Der Blackrock Market in der Main Street, Blackrock, und der Dún Laoghaire Market im People's Park direkt am Meer werden Sie nicht enttäuschen.

Suchen Sie sich ein oder zwei lokale Cafés. Die Café-Kultur ist in Dublin sehr lebendig. Bestellen Sie ein Mittagessen bei Bewley's in der Grafton Street und bleiben Sie stehen, um den Straßenmusikern zuzuhören, wenn Sie gehen. Das müssen Sie unbedingt besuchen:

Kaph – Drury Street
Love Supreme – Stoney Batter
Meet Me in the Morning – Pleasants Street
Clement and Pekoe – South William Street
Industry & Co. Café – Drury Street

Stöbern Sie in den vielen fantastischen Läden, die es in Dublin zuhauf gibt. Meine Favoriten sind:

Article – South William Street
House of Indi – Drury Street
The Harlequin – Castle Market
Costume – Castle Market
Irish Design Shop – Drury Street
Jam Art – Patrick Street
Caxton – Patrick Street

Dublin ist eine blühende Stadt mit hervorragenden kleinen unabhängigen Geschäften. Besuchen Sie die Francis Street in den Liberties und schauen Sie sich in den Antiquitätenläden, Buchhandlungen und Cafés um.

irelandreminders

DRAUSSEN SEIN

Gehen Sie raus und verbringen Sie den Tag in einem der wunderschönen Küstendörfer.

Bestellen Sie Fish and Chips bei Beshoff Bros in Howth und spazieren Sie bei Sonnenuntergang am West Pier.

Gehen Sie am Grand Canal entlang, von der Baggot Street bis Portobello.

Besuchen Sie den Phoenix Park und freuen Sie sich auf das Rotwild.

Stena

ETWAS KULTUR

Besuchen Sie auf jeden Fall eines der kleineren Museen in Dublin (z. B. Henrietta, Little Museum of Dublin und Dublins Writers' Museum).

Spazieren Sie über das bezaubernde Gelände des Trinity College, und selbst wenn Sie es bereits gesehen haben, besuchen Sie es noch einmal, um sich das Book of Kells und den prächtigen Long Room anzusehen.

Nehmen Sie Ihren Afternoon Tea im Merrion Hotel oder im Shelbourne.

HOTELS IN DUBLIN, WIE ES KEINER KENNT

Es gibt nichts Besseres als den irischen Willkommensgruß. Egal, ob Sie sich für ein luxuriöses Fünf-Sterne-Hotel oder eine kleine Frühstückspension entscheiden, Sie können davon ausgehen, dass Sie mit einem perfekten céad míle fáilte behandelt werden. Dublin ist natürlich klein, und so können Sie in einem der in diesem Buch ausgewählten Viertel wohnen und sich problemlos in der Stadt bewegen. Es gibt viele schöne Hotels zur Auswahl, und die meisten sind gut bekannt. Hier finden Sie eine Auswahl meiner Favoriten:

Trinity Town House (South Frederick Street) ist ein Mittelklassehotel in der Nähe des Trinity College, das in drei charmanten georgianischen Stadthäusern untergebracht ist. Es verfügt über eine einfache Einrichtung und eine perfekte Lage.
The Dean Hotel (Harcourt Street) ist Teil einer Reihe von georgianischen Stadthäusern mit einer warmen und attraktiven Atmosphäre. Die Innenräume sind wunderschön und mit original irischer Kunst geschmückt. Bemerkenswert sind auch die Lobby und die Dachterrasse.
The Wilder (Adelaide Road) verfügt über eine sorgfältig restaurierte rote Backsteinfassade und glamouröse Innenräume. Das ist vielleicht mein Favorit auf dieser Liste. Weitere Highlights sind ein eleganter Gin- und Teeraum und eine atemberaubende private Terrasse.
Iveagh Garden Hotel (Harcourt Street) ist ein wunderschönes, designorientiertes Boutique-Hotel, das mühelos Alt und Neu miteinander verbindet. Zu den Highlights gehören Zimmer mit Blick auf die Gärten, eine gut ausgestattete Botanical Bar und eine sehr stilvolle Lobby.
Number 31 (Leeson Close) bietet eine einzigartige Kombination aus historischem Stadthaus und modernistischem Marstall. Es hat eine großartige Lage und eine sehr stilvolle Inneneinrichtung mit einem einladenden Eingangsbereich mit Kaminfeuer. Bei gutem Wetter gibt es Sitzgelegenheiten im Freien und einen ruhigen ummauerten Garten.
The Devlin (Ranelagh) ist das Schwesterlokal von The Dean in der Harcourt Street und sieht sehr ähnlich aus. Zu den Highlights gehören ein stilvolles Kino mit zweiundvierzig Plätzen und eine Bar, ein Dachrestaurant mit Terrasse sowie eine Bar und ein Café im Erdgeschoss.

MITWIRKENDE & DANK

Alle Bilder © Siobhan Ferguson außer:

@adaras: S. 177, 203 (oben rechts und unten links), 206 (oben links), 207, 209
@allexphotography: S. 71 (unten rechts), 174, 176 (unten rechts), 206 (unten), 222, 224
@outofmylens: S. 30 (unten links), 169, 170 (unten und oben rechts), 176 (unten links, oben links und rechts), 178, 181 (oben rechts)
@paddy_p87: S. 172, 204

Ida Josefin Eriksson (**@adaras**) ist eine Fotografin aus Nordschweden und Gründerin des preisgekrönten Lifestyle- und Reiseblogs ADARAS Blogazine, dessen Ziel es ist, »dem Gewöhnlichen zu entfliehen« und mit außergewöhnlichen Dingen zu inspirieren, von Reisen und Abenteuern bis hin zu Mode, Schönheit, Essen, Gesundheit und Lifestyle-Ideen. Es geht um Orte, Produkte und Erfahrungen, die alle Erwartungen übertreffen.

Allex Vasques (**@allexphotography**) ist Reiseberater und Fotograf aus Dublin.

Ramona Biscoveanu (**@outofmylens**) war fünf Jahre lang in Dublin zu Hause und entdeckte die Stadt bei einem Spaziergang mit ihrer Kamera. Derzeit lebt sie in Südfrankreich und verbringt ihre Freizeit mit Reisen und der Erkundung all der schönen französischen Dörfer.

Paddy Power (**@paddy_p87**) wurde in Waterford geboren, aber ist in Dublin aufgewachsen. Seine Bilder sollen zeigen, dass der Alltag in Irlands Hauptstadt alles andere als gewöhnlich ist.

Reduced
€2
Literary T-Shirts
PATRICIA CORNWELL
THE SCARPETTA FACTOR
Martina Cole
THE GRAFT
COLD COLD HEART
James ELLIOTT
Mankell
Freeman's
Elk River Story
Faye Kellerman
RICHARD RUSSO
HALL
NORTHERN CLEMENCY
PHILIP HENSHER
THE HUNGRY GENERATIONS
RHAPSODY IN BLUE
I CAN'T

DANK

Ich danke meinem Mann Noel und meinen Jungs Jack, Charlie und Louis für ihre unendliche Liebe und Geduld, während ich dieses aufregende Projekt abschloss. Es war nicht leicht, euch zurückzulassen, wenn ich in ein geliebtes Dublin gereist bin. Ich danke meiner Mutter und meinem Vater dafür, dass sie immer alles stehen und liegen lassen und nach London kommen, um auf meine Jungs aufzupassen, während ich wieder nach Dublin fahre.

Ein ganz besonderes Dankeschön an Holly Webber, meine talentierte Illustratorin, für ihre makellose und wirklich schnelle Umsetzung meines Briefings. Danke an alle meine Follower auf Instagram und an alle, die meine ersten Bücher, Pretty City London und Pretty City New York, und auch mein Malbuch gekauft haben. Vielen Dank an die talentierten Fotografen Ramona, Paddy, Ida und Allex, die freundlicherweise ihre wunderschönen Bilder für das Buch zur Verfügung gestellt haben.

Ich danke meinem Verleger, The History Press, für seine Unterstützung - Ihre erste Kontaktaufnahme vor ein paar Jahren war ein Kompliment, aber acht Buchverträge sind eine große Ehre.

Schließlich möchte ich mich bei all den wunderbaren Ladenbesitzern, Blumenhändlern, Hotelmanagern und Einwohnern bedanken, die ich bei jedem einzelnen Besuch in Dublin getroffen habe und die es mir sehr leicht gemacht haben, Inhalte für dieses schöne Buch zu sammeln.

The Reading Woman
2020 Calendar
Be Gentle
I am alot older than you
Yay! Breithla Sona!
TEACH NUA

RETZEL BAKERY
BRETZEL BAKERY
EST

CINNAMON

the garden
www.thegarden.ie

the garden
www.thegarden.ie
bouquets
made
to
order

skinfull
AFFAIRS

THE GRAYSON

50
YIELD

OSBORNE
HOUSE

JAMESON
BLACK
BARREL